吳姐姐講聖經故事

①創世記

吳涵碧——著

這樣的啟發具有恆久不變的價值！

名作家　侯文詠

「喜歡聽吳姐姐講歷史故事的我一樣喜歡聽吳姐姐講聖經故事。這些故事儘管不同，但本質其實是一樣的。吳姐姐一生都在說著關於『信念』、『希望』與『愛』的故事。而我，永遠都樂於聆聽。」

名作家　張曉風

「吳姐姐是個很好的『說書人』，多年前的那本《吳姐姐講歷史故事》，把華夏乃至夷狄的故事都一一說活了，如今她又來說一部比『四庫』更繁複、更精采的『三才（天地人）全書』聖經，讀來真能助人參破天機！」

名譯者 **朱佩蘭**

「《聖經》的真理和史實亙古不變，內容卻璀璨如萬花筒，讀之令人驚嘆省思，獲鼓勵得安慰。真理蘊含千萬啟示，如嚼橄欖，回味甘醇。讀者可先排除宗教框框，輕鬆看故事，汲取真理。《吳姐姐講聖經故事》正是最精采的《聖經》人門！」

高鐵董事長 **歐晉德**

「《聖經》是人類史上最暢銷的一本書。《舊約》中有許多膾炙人口的故事，涵碧女士以她特殊的觀點訴說這些故事，娓娓道來，十分生動。她的詮釋或許不一定能得到《聖經》神學家的認同，但引人入勝的故事，卻頗能引起人們進一步認識《聖經》的興趣，特別予以推薦！」

五十五位各界名人好評推薦！

（依姓氏筆劃排列）

王建煊　監察院院長
王鼎鈞　名作家
白培英　中原大學董事長
朵　朵　名作家
朱　炎　國立台灣大學名譽教授
朱佩蘭　名譯者
羊憶玫　中華日報副刊主編
杜忠誥　書法名家
李家同　靜宜、暨南、清華大學榮譽教授
李　珀　台北市私立復興實驗高級中學校長
李素真　搶救國文教育聯盟執行秘書
李偉文　親子教育作家
李慶平　前中國廣播公司總經理

吳玉山　中央研究院政治學研究所籌備處特聘研究員
林書宇　「九降風」電影導演
周神助　台北靈糧堂主任牧師
周惠民　政治大學文學院院長
周聯華　牧師
侯文詠　名作家
侯勝茂　新光醫院院長、前行政院衛生署署長
施以諾　名作家、輔大醫學院職治系助理教授
胡志強　台中市長
胡為真　國家安全會議秘書長
徐佳士　前考試院考試委員、部聘教授
孫明峯　台北市民生國中校長
孫　越　宇宙光全人關懷機構終身義工
陳民本　前台灣大學海洋研究所、政治大學通識教育教授
康來昌　牧師

梁振道　台北市懷生國中校長
梁瓊白　膳書房文化公司發行人
曹麗珍　台北市民生國小校長
黑幼龍　卡內基訓練負責人
曾昭旭　淡江大學中文系教授
張茂松　新店行道會主任牧師
張碧娟　北一女中校長
張曉風　名作家
張德芬　名作家
彭蕙仙　名作家
彭懷真　中華民國幸福家庭促進協會理事長
詹鼎正　台大醫院老年醫學部代理主任
華　嚴　名作家
漢寶德　世界宗教博物館榮譽館長
葉文可　名作家

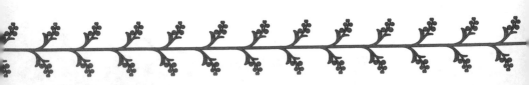

劉中薇　名作家
劉秀雯　台北市立聯合醫院仁愛院區院長
盧蘇偉　輔導專家
歐晉德　台灣高鐵董事長
歐茵西　台灣大學外文系教授
歐茵妃　靜修女中教師
韓良憶　名作家
蔡武甫　前國立成功大學教授、眼科部主任
謝鵬雄　名作家
魏惟儀　名作家
魏德聖　導演
薇薇夫人　名作家

出版者的話

【皇冠文化集團發行人】平雲

皇冠第一次出版「吳姐姐」吳涵碧女士的經典名作《吳姐姐講歷史故事》已是民國八十年的事了，到今天民國一百年剛好是二十週年。

當年吳涵碧女士以一人之力治史，堅持十多年不輟，透過這套書讓中國歷史人物鮮活地走入家庭，不但陪伴許多家長和孩子一起成長，更提升了無數學子的歷史知識、閱讀能力和作文程度，如今許多當年的小讀者也已為人父母，而他們的孩子仍繼續在讀《吳姐姐講歷史故事》，這套書可以說是臺灣有史以來最成功、最具影響力的大眾歷史讀物，皇冠也一直為能夠出版這套巨著深感光榮。

歷史故事在寫到明代中期以後吳姐姐暫告擱筆，我們不時接到許多讀者反映希望吳姐姐能夠繼續寫完，但原來近幾年吳姐姐已默默將她的寫作方向轉移到新的目標，那就是「聖經故事」。

吳姐姐每天都會花費一、兩個小時仔細閱讀《聖經》，然而愈是深入研究，就愈發現《聖經》其實並不容易讀懂，於是讓她動念開始寫聖經故事，希望藉此讓大小讀者都能夠更加了解這部全世界印行最多、流傳最廣的書。

一般讀者看到「聖經故事」就難免會認為是一本宗教書，非教友的讀者甚至可能望而卻步，其實《聖經》並不只是基督教的經典，也可以說是現代西方文明的源頭，想要真正了解西方歷史，就不能不了解《聖經》。

今天我們所熟知的許多典故像上帝造人、亞當與夏娃、挪亞方舟等等無不出自《聖經》，但在一般的認知之外，這些故事背後往往還隱藏著更深層的含意，而這也是吳姐姐希望傳達給讀者的部分。

《吳姐姐講聖經故事》並不是《聖經》的白話評本，目的也不在宣揚「神」的信仰，一如《吳姐姐講歷史故事》，吳姐姐真正關注的其實是那個時代下「人」的活動。「神」提供了不同的可能，但真正做出選擇的卻是「人」本身，於是我們在這些故事中看到了人性中的欲望、嫉妒、猜忌、背叛，但也看到了人性中良善美好的部分；我們看到了上天的考驗與試煉，但也看到了人的堅持與信念，而這些都使得幾千年前的

《聖經》如今讀來依然具有超越時空、恆久不變的價值。

如果說《吳姐姐講歷史故事》講的是中國歷史，那麼《吳姐姐講聖經故事》講的則是西洋歷史，何嘗不是另一套「歷史故事」？

吳姐姐也秉持著她寫歷史故事時一貫的認真精神和嚴謹態度，廣泛蒐集各方資料，並詳加考證，務求盡善盡美。她的文筆活潑生動，善於引用譬喻和成語，並不時將《聖經》故事中發生的情狀與中國歷史上的人事物做對比，幫助讀者理解之餘，也更增加了中文讀者的認同與共鳴。

我們很榮幸能夠出版《吳姐姐講聖經故事》第一集《創世記》，做為皇冠五十七週年給讀者的獻禮，未來這套書預計將以兩年一本的速度陸續與大家見面，就讓我們一起拭目以待。

從故事認識《聖經》

【政治大學歷史系名譽教授】王壽南

全世界暢銷書排行榜的榜首永遠是《聖經》（the Holy Bible），根據二〇〇五年聯合聖經公會的調查，全球翻譯《聖經》多達二四〇三種語文，發行數量超過三億七千二百萬冊（二〇〇五年一年的發行量），如此多的語文版本和龐大的發行量，足以反映《聖經》這本書具有無與倫比的影響力。

難怪有許多書籍紛紛以聖經為名，譬如健康聖經、食療聖經、美容聖經等等，不一而足，都是想藉《聖經》之名，提高這本書的價值和知名度。

對中國人來說，《聖經》一點都不陌生，許多人家裡的書架上都會有一本《聖經》，但真正去一字一字閱讀《聖經》的人恐怕很少，甚至有些基督徒常聽牧師講道，也信仰基督，卻未曾完整地讀過一遍《聖經》，這是什麼緣故？主要是因為《聖經》不是一部易讀易懂的書。

《聖經》分為兩大部分，前半稱為《舊約》，後半稱為《新約》。《舊約》從上帝耶和華創造宇宙和人類開始，到耶穌降生前五百年止，時間長達數千年，從上帝創造亞當、夏娃到亞伯拉罕，舊約記載的是人類的故事，從亞伯拉罕以後，舊約記載的是猶太（以色列）民族的歷史。

《新約》則是從耶穌降生開始，到耶穌死後約一百年的紀錄。現在全世界各國幾乎都用西元（公元）作為紀年，西元元年就是耶穌出生的那一年，在耶穌出生以前稱為西元前（B.C.），在耶穌出生後稱為西元（A.D.），所以，《舊約》記載的都是西元前的事，《新約》則是記載西元後的事。

為什麼說《聖經》不是一部易讀易懂的書呢？因為：

第一、《聖經》是翻譯的書，最早的中文譯本是在一八二三年（清道光三年）出版，用文言文。今天通用的中文《聖經》稱為「和合本」，一九一九年（民國八年）出版，是白話文譯本，但是清末民初的白話文和今天流行的白話文是有些差異的，許多詞彙、文句習慣都不相同，所以有些部分讀起來覺得生澀、拗口，自然會減少閱讀的興趣。

第二、《聖經》敘述的是以色列人的故事，古代以色列人的生活方式和習慣，許多地方和中國人不同，所以有時會不容易了解和體會其中的含意，甚至讓中國讀者產生疑惑。

第三、《聖經》的主旨在宣揚上帝的旨意，換言之，《聖經》就是基督徒的教義所在，既是教義，當然蘊含思想和觀念，思想和觀念往往不是從字面上就能了解的，譬如老子的《道德經》只有五千多字，縱使你能把這五千多字都唸出來，卻未必了解《道德經》書裡的意義，因為《道德經》中蘊含了豐富的思想和觀念。《聖經》雖然沒有《道德經》那樣艱澀難懂，《聖經》也同樣蘊含豐富的思想和觀念，如果不能深思、辨析，是很難發現《聖經》內涵的價值。然而，有幾個人在閱讀的時候能靜心專注地深思、辨析？顯然是不容易做到的事。

第四、在《聖經》有些常見的名詞是中國原有的名詞，但《聖經》裡這些名詞的含意和中國人習慣熟知的含意不盡相同，如罪、聖、義、義人、世界……等等，《聖經》裡有特別的含意，如果中國讀者用自己習慣熟知的含意來看《聖經》，很容易感到困惑甚至懷疑、反對，於是，很難讀下去。

由於《聖經》不是一部易讀易懂的書，所以有人開玩笑說：「創了世紀（記），出不了埃及。」這是什麼意思？

原來《聖經》的《舊約》第一卷是〈創世記〉，第二卷是〈出埃及記〉，讀了〈創世記〉，接著讀〈出埃及記〉，〈出埃及記〉讀了一半，讀不下去，就把《聖經》束之高閣了。

其實，《聖經》不是板著面孔說教的書，《聖經》的《舊約》是一部歷史書，《新約》則是宗教思想的書，但是一般人對歷史書不會太有興趣，對談思想的書更是敬而畏之，以至於讓人不想去接觸《聖經》。

如果把《聖經》嚴肅的「表相」收起來，鑽進《聖經》的「體內」去，會發現《聖經》是有趣而深刻的。本書作者吳涵碧女史便是希望帶領讀者穿越《聖經》嚴肅的「表相」，去發現《聖經》「體內」有趣而深刻的人與事。

涵碧曾寫過《吳姐姐講歷史故事》全套五十冊，這是一部膾炙人口的鉅著，當年讀過《吳姐姐講歷史故事》的許多小朋友，今天已成為事業有成的大學教授、工程師、會計師、編輯、記者等等，這部書的影響是十分深遠的。

已故故宮博物院院長秦孝儀先生精通文史，他曾對故宮博物院同仁公開稱讚這部書，他說：「你們不要因為有高學歷而自負，你們該去讀《吳姐姐講歷史故事》，讀了這部書，你才會發覺你對中國歷史有那麼多不知道的事。」可見《吳姐姐講歷史故事》不是限於小朋友才讀的書，實在是老少咸宜，適合全家一起閱讀的書，難怪這部書出版了二十幾年，至今還在流行。

《吳姐姐講歷史故事》受到大家歡迎，絕對不是偶然之事，涵碧所寫的「故事」絕非杜撰的事，而是有史料根據的史實，這些史料多半是二十五史、《資治通鑑》、《續資治通鑑》等書，但有幾個人會去讀二十五史？會去讀《資治通鑑》？當然很少，因為那些「古書」好難讀，然而《吳姐姐講歷史故事》卻是生動活潑，文筆流暢，不自覺一口氣一本書就讀完了，毫不費力，而且興趣盎然，又獲得許多歷史知識。凡讀過《吳姐姐講歷史故事》的人都會有一個共同感覺：原來歷史不像教科書那樣枯燥，歷史是那樣有趣好玩。

二○○六年六月涵碧受洗成為基督徒，她十分喜愛讀《聖經》，她讀《聖經》的方式是一字一句讀，每天必讀，而且買了許多有關《聖經》的著作，填滿了幾個書櫃。對於不甚了解之處，總是追根究柢地尋求答案。

現在她著手寫《吳姐姐講聖經故事》，是抱著和寫《吳姐姐講歷史故事》相同的態度來進行。

第一，在不違背《聖經》本意的原則下，盡量用輕鬆、活潑、流暢、易懂的筆法來敘述故事；第二，不是把「和合本」《聖經》改寫成現代白話文而已，是要增加人和事的背景敘述，使讀者容易了解故事背後的結構；第三，故事人性化，讓故事裡人物的感情、性格突顯出來，使人和事活化起來。

《聖經》不是一部易讀易懂的書，但《聖經》是極有價值的書，是西方文明的源頭活水，是智慧之泉的發源地，實在是不可不讀的寶典。

涵碧體認到歡喜聽故事是人的天性，用聰慧靈巧的心思將《聖經》中的故事活潑生動地呈現出來，讓《聖經》中許多大家都耳熟能詳的人物，如亞當、夏娃、挪亞、亞伯拉罕、約瑟、摩西、大衛王、所羅門王、耶穌、保羅……等，都活化起來，讓讀者發覺《聖經》中的人物不是道貌岸然、僵硬刻板的「死人」，而是和你我一樣有血有肉、有善有惡、有悲有喜的「真人」，雖然他們離開我們有很久很久的日子，卻仍然有一種親切感存在。

涵碧寫這部書是希望透過說故事引領讀者認識《聖經》，但絕不是說這部書可以取代《聖經》，《聖經》是無可取代的。這部書的目的是在吸引人們對《聖經》的興趣，並且對《聖經》所表達的信仰有初步的了解，進而仔細地閱讀《聖經》。

這是一部知識性的著作，凡是對歷史故事、文化發展有興趣的人，不論是基督徒或非基督徒，不論是少年人或老年人，都值得讀一讀這部書。

目錄

1 人是從哪兒來的？

根據達爾文的進化論，人類是由猿猴慢慢演化而來。

猿猴雖然聰明活潑，但是不會思想，沒有辦法閱讀，母猴不能把己身經驗寫在書上，載在電腦上面，傳承經驗。我們在動物園中看到的猿猴，也沒有演化為人的任何跡象。

科學家試圖從各種化石之中，尋覓介於猿人之間的接環生物，卻是徒勞無功。莫非如魔術師一般，猿猴偶然走入特製的箱子之中，原地打轉三圈，揭開蓋子，哇！猿猴不見了，走出一個人。

現代醫學有謂試管嬰兒、複製人，所有材料，依然取自人體，不能證明人類起源。

達爾文，這一位著名的英國生物學家，當初也想發現接環生物，證明人是由下等動物進化而來。於是在一八三一年十二月二十七日搭上「獵犬號」，展開長達六年的環球探險之旅。

他在報告中指出，所經之地以紐西蘭最為黑暗，當地土人全身赤裸，樹上築巢、酗酒淫亂、殺嬰獻祭，因此推測，「起碼再經過二千年，這些人才有現代文明。」

不料，當基督教傳入之後，土人丕然一變，與達爾文一般，成為彬彬有禮的紳士，達爾文捐出巨款，購買大量《聖經》，分贈各地土人。達爾文在自傳之中坦承：「我自己也並不敢說這本《物種論》是絕對的不錯。」

同樣有趣的例子發生在非洲烏干達。一九七〇年代，伊迪阿敏總統執政，歐美電視新聞屢屢報導他，因為阿敏以愛吃人肉著名。當時的烏干達腥風血雨，到處慘遭嚴酷屠殺。到了一九九〇年代，愛滋病猖獗，居世界之首，聯合國報告指出，二〇〇〇年之前，全國將六成染病，三成死亡。然而在二十年之間，由於民眾趕走巫師，開始敬拜上帝，重視童貞，二〇〇九年烏干達的愛滋病竟降為百分之六。

烏干達國家中許多野蠻土人，迅速轉化為謙謙君子，顯然非進化而成。

那麼人究竟怎麼來的？

猿猴哪兒蹦出來的？

到底是雞生蛋，還是蛋生雞？最開始的雞或蛋哪兒來的？

智慧的中國人，當他遇到無法解釋的任何問題，他會笑笑地告訴你：「這件事，只有天知道。」

中國人心目中的老天爺，正是上帝耶和華。

在《論語》中，孔子讚歎：「巍巍乎唯天為大。」當他難過之時，哀聲道：「天喪予。」孔子覺得沒有人了解自己時會說：「知我者其天乎。」孔子歌頌上天：「天何言哉，四時行焉，百物生焉。」正好說明上帝創造春夏秋冬輪流運轉，萬物應時生長的道理。

「人在做，天在看。」上天是無所不知、無所不能，有權柄、有感情、有意志、有脾氣，人們在聊天之時，脫口而出：「天不從人願」、「富貴在天」、這人有「天才」，那人喪盡「天良」，天是何等親切熟悉。只是中國古人不拜天，因為只有皇帝才可祭天，平民百姓只能拜次一等的神佛菩薩。

那麼除了基督教，其他宗教是否可以把天納入，也來一段人類起源的說法呢？事實上，除了基督教之外，其他宗教並沒有這方面的主張。中國人所熟悉的「造物者」，正是上帝，在《聖經》第一卷〈創世記〉之中，神啟示摩西，明白記錄了神造人的經過。

上帝做任何事都是慎重認真，祂先創造了一切環境與條件，然後才創造人類，步驟分明，次序井然：

第一天：造光。

第二天：造水、空氣。

第三天：造陸地、海洋、植物。

第四天：造日、月、星辰。

第五天：造鳥、魚。

第六天：牲畜、昆蟲、野獸、人。

第七天：休息。

每天創造之後，上帝甚為滿意，不斷讚許：「很好。」到了第七天大功告成，完全休息，享受欣賞。

這就是一個星期有七天的由來。星期天是用來親近創造主，與親友家人團聚之時。中國人的節氣之所以準確，因為神的創造是有秩序的，太陽管晝，月亮管夜。

一切生物各從其類，貓永遠是貓，狗永遠是狗，貓狗可以一家親，卻絕不能交配。無論宇宙之中任何星球，都充滿了規律性，實在令人歎為觀止。

到了第六天，人類出現了，一個醫學院學生苦讀七年，尚且不能了解的人體奧秘揭開了。上帝輕輕拿起一撮塵土，對著耶穌這位宇宙工程師說：「來，照我們的樣式造人，讓他們管理海裡的魚、空中的鳥、地上的牲畜、昆蟲，治理全地。」

轉眼就捏出一個泥人，然後在他鼻子裡吹一口氣，亞當就成為像上帝、像耶穌，有聖靈的活人。

上帝把他安置在伊甸園之中，伊甸的意思是平原，是快樂，也是樂園，伊甸園中有四條河流滋潤園子，長出各樣的樹木，有金子、瑪瑙與珍珠，也有各種美味的果子。

上帝吩咐亞當：「你好好修理看守這園子。」神並且交代他一項任務：「我造了各樣走獸飛鳥，你來為牠們命名。」

於是，一隻龐然大物，鼻子捲捲地走過來，亞當說：「大象。」又飛來一隻玲瓏可愛的小鳥，亞當脫口而出：「鴿子。」

很快地，亞當做完工作，一個人在伊甸園之中，無拘無束地走著，無憂無慮，沒有煩惱，也談不上快樂，日復一日，無聊至極。上帝看著心疼，搖搖頭：「這人獨居不好，我要為他造一個配偶，幫助他。」

是啊，既然神說各種動物：「各從其類。」任何大動物、小寵物再可愛也比不上人的迷人與契合。

上帝決定幫亞當造一個女人。上帝做任何工作，都不許人看見，因此，神先讓亞當沉沉地睡去了。接著，上帝不用麻醉藥，從亞當身上取下一條肋骨，又把肉合起來，然後像婚禮之中，父親挽著新娘出現一般，把神造的女兒送給新郎。

亞當睜開眼睛一看，彷彿被雷擊中，沮喪一掃而空，瞥見了令人窒息的美麗與優雅。她像亞當，又不完全像亞當，皮膚是如此細嫩，秀髮是如此閃亮。她回過頭，對亞當嫣然一笑，亞當心醉神迷。

亞當覺得全身充滿了動力，說出最經典羅曼蒂克的話語：「這是我骨中之骨，肉中之肉，可以稱之為女人。」可見得男人找到同類的女人之時，何等興奮；他生命之中，第一次想要體貼人、想要愛人、想要保護她、疼惜她。

上帝在證婚之時，鄭重宣佈：「人要離開父母，與妻子聯合，二人成為一體。」

神看重婚姻關係，超越一切關係，男女愛情帶來的悸動，正如《聖經》中所說的「愛情如死之堅強」。在上帝的祝福之下，完成人類第一樁婚姻。誠所謂天造地設、天作之合、佳偶天成、天生一對也。

從此，天賜良緣的亞當夫婦，過著「你泥中有我，我泥中有你」的生活。

2 禁果真正的含意

人人都不免一死，上帝當初造人的時候，人是可以不死的，追究原因，乃是亞當、夏娃偷吃禁果。所謂禁果，非指婚前性行為。他一人乃是上帝鄭重證婚：「人要離開父母，與妻子聯合，二人成為一體。」

婚後美好性行為，原是上帝賜給人們的禮物。伊甸園中有鳥語花香，世界上第一對佳偶天體奔遊，天真無邪，絲毫不需要有羞恥之感，事實上，伊甸園中別無他人。

小兩口在園中天天度蜜月，無憂無慮，與小嬰兒一般追逐嬉笑，純潔善良可愛。這時候的人有與神一般的理性思想、道德意識、感情意志，與上帝來往交談，享受天父的愛。

亞當牽起夏娃的手，對她說：「上帝說過，園中所有果子，我們都可以隨意吃，只是分別善惡樹的果子是禁果，吃了必死。」

夏娃的眼睛盯住毒果，眼睛永遠是犯罪的第一步，女人天生的好奇更讓她對這個果果充滿興趣。忽然，草地中出現窸窸窣窣之聲，不知從哪兒鑽出一條蛇，竟然開口說人話，牠挑起新娘子對神的懷疑：「神真的說過，不許你們吃園中所有樹上的果子嗎？」

女人告訴蛇：「園中任何樹上的果子，我們都可以吃，只是園子中間那一棵樹上的果子，不能吃、不許摸，吃了必死。」

蛇慫恿道：「你們不一定會死。神知道你們吃了那果子，眼睛就開了，就和神一般能知道善惡。」牠暗指，神似乎還留了什麼好東西，不肯拿出來。

女人癡癡地盯著那果子，心想，它如此悅人眼目，又香甜可口，還能使人有智慧，如果乖乖聽神的話，未免也太傻了。樹上果子那麼多，少了一個神還會真的去算嗎？這時，她心中湧出一股衝動：「我非得到不可。」於是，女人伸手摘了一個，吃了，又給亞當也吃了。

他們吞下果子的一剎那，確有滿足的甜蜜感。接著，頃刻發現，糟糕，闖下大禍了，眼睛明亮之後第一個看到的是，怎麼兩人赤條條的，羞死了，趕快用無花果樹的葉子，編一條裙子遮體（許多世界名畫中都以此為題材）。

原來，神造人的時候，人的靈與上帝一般，所以不用靠自己的智慧分辨善惡，吃了不該吃的果子以後，自作判斷、自以為是、自作聰明，也開始自尋煩惱。

一會兒，天起了涼風，這對夫妻心也涼了，耶和華神更是心寒，祂給人自由意志去選擇，原希望人能出自心底，遵守規範，伊甸園中應有盡有，何必偏偏去碰不該碰的。神步履沉重踱行，等著他們出來認罪。亞當夫婦聽到聲音，嚇得躲入樹叢中，天上、地下哪兒逃得過神呢？上帝慈愛地呼喚著，希望給他們懺悔的機會。

亞當害怕地回答：「我聽到祢的聲音了，可我們是赤身露體，我們只好藏了起來。」

「喔，誰說你們赤裸裸，誰說你們不對勁？」神質問亞當：「莫非，你吃了我吩咐你，你不可吃的果子嗎？」

神又給亞當一次認錯的機會，可惜亞當這位一家之主，沒有擔當，他一臉無辜地推給妻子：「就是祢賜給我與我同居的女人，她把樹上的果子給我吃，我就吃了。」

神問女人：「你做的是什麼事？」

女人也一推：「蛇引誘我，我就吃了。」

這下子，神不能不處罰了，祂對蛇說：「你得受咒詛，你必用肚子行走，終身吃土，你和女人彼此為仇，你的後裔（指撒但）與女人的後裔（指耶穌），彼此為仇，耶穌要打碎魔鬼撒但的腦袋，撒但也要咬傷耶穌的腳跟。」

神對女人說：「我要大大增加你懷胎的痛苦，你必戀慕你的丈夫，他必管轄你。」

（這就是女人重視愛情的由來）。

神又對男人說：「你既然聽了妻子的話，吃了我早就禁止你吃的果子，你得終身勞苦，才能生產足夠的糧食，地必長出荊棘雜草，你要吃田間的菜蔬，且要汗流滿面才得養家糊口，直到你死，歸於塵土。」（這就是男人重視事業的由來）。

於是，亞當為他的妻子取名為夏娃，希伯來語是「命」的意思，成為人類眾生之母。他們被神趕出伊甸園，但是，神還是疼愛他們，用皮給他倆做皮衣取暖。同時，神又不得不在園子東邊派天使看守，恐怕他們摘取生命樹的果子，能夠永遠活著。

亞當怪夏娃，夏娃怪蛇，反正都是別人的錯，不再遵守神的話，自行其是，被撒但（魔鬼）控制，這就是所謂人有「原罪」的由來。從此世界充滿了邪惡與犯罪、疾病與死亡、痛苦與患難。

一直要到上帝的獨生子耶穌來到，為世人贖罪，人們認罪悔改之後（誰能無罪？撒謊就是罪），才在靈裡與上帝相合，也才能死後回到天家，重新得到新的肉體，若是生病，可以吃生命樹上的果子，不再有死亡悲哀疼痛哭號（原來，秦始皇想找的長生不死之藥在這裡），與上帝住在新天新地當中，過著永恆美好的生活。

因此，禁果指的是違背上帝的旨意，婚前性行為只不過其中之一而已。

3 人類歷史上第一件謀殺案

亞當、夏娃是上帝創造的第一對夫妻，他們並不是以色列人，當時還沒有人種之別。他們開始生兒育女，也和天下所有的父母一般，經歷了許多艱困。最駭人聽聞的是，人類歷史上第一件謀殺案件，竟然就發生在亞當家中……

打從一開始，亞當、夏娃犯了第一樁罪，就難逃神的眼目。他們吃了神不准吃的「分辨善惡樹」的果子，希望得到「如神」般的智慧聰明，立刻被神逮住，趕出了舒適的伊甸園。

於是，亞當開始了神所宣判的，汗流滿面，才得養家餬口的艱辛生活。夏娃也嚐到了懷孕之苦、生產之痛。不過，這對夫妻的苦還在後頭哩。

夏娃生了一個小貝比，她高興地說：「耶和華使我得了一個男孩子。」

她為孩子取名「該隱」，該隱有「得了」的意思，也是希伯來語「槍」的意思，該隱果然是虎虎有力，勇敢強猛，但是性情暴戾，不易管教，想來讓這人類第一對父母大傷腦筋。

因此，當夏娃生第二胎，又得了一個男孩之時，給老二取名為「亞伯」，亞伯在希伯來語有「虛空」之意，顯示出夏娃的失望。亞伯倒是個乖小孩，善良而和順。

兩兄弟長大以後，長子該隱當了農夫，次子亞伯成為牧羊人。有一天，該隱帶了田裡的土產，亞伯從他的羊群裡面，挑選出頭胎之中最好的小羊，分別作為祭物，獻給上帝。亞當夫婦曾教導他們，要帶血的才能當祭物。

因此，神看不中該隱和他的祭物，卻喜悅亞伯和他的祭物。這是因為神要帶血的祭物，作為犯罪的代價，所以不喜歡農作物。其實，神在意的，應該是一個人的內心，畢竟該隱頑劣，亞伯虔敬。

該隱聽說神不喜悅他的供物，立刻拉下臉來，嘩啦嘩啦發脾氣，態度非常惡劣，讓神嚇了一跳，上帝問該隱：「你為什麼發怒？你為什麼變了臉色？」

該隱臉一撇，閉緊嘴巴。

上帝繼續開導該隱：「你若是行得正，我自然會悅納你的供物。」

該隱翻個白眼，腳踢著塵土，不耐煩受教。

神發現大事不妙，祂慈愛地提醒該隱：「你要小心啊，現在，罪的惡魔已經蹲伏在你門口了，你得牢牢地控制它，可別讓罪控制了你。」

該隱沒有反省，沒有警惕，只覺得憤怒與委屈。

自從亞當、夏娃吃了分辨善惡樹的果子，人類的靈與上帝的靈分開，自以為有分辨善惡的能力，不再從神的眼光看事物，而是從一己的立場與利益下判斷。所以，該隱只覺得上帝對他不公平，愈想愈氣，愈氣愈想，愈想愈氣……

該隱回到家裡，看到弟弟亞伯，更是恨不得衝上前去掐住他的脖子，他認為全是被亞伯害慘了，大生「既生瑜，何生亮」的嫉妒之心。在《三國演義》中，周瑜處處比不上諸葛亮，活活被氣死，死前埋怨上天，既然生了周瑜，就不該再生諸葛亮。其實，正史中的周瑜並不小氣，不過，這句話正是此刻該隱的心情。

該隱果然正如上帝所料，罪的惡魔控制住他，他盤算著，既然上帝待我不公平，不如替天行道。

於是，他招呼亞伯道：「來，我們到田間去走一走。」亞伯不疑有他，高高興興地跟在哥哥的後頭。

到了田裡，該隱立刻揮拳痛打亞伯，一洩心頭之恨。

接著下重手，把亞伯殺了，草草掩埋，成為人類歷史上第一件駭人聽聞的謀殺案。

該隱自以為乾脆俐落，神不知鬼不覺，殊不知上帝完全目睹全部經過。

祂的聲音在天邊響起：「該隱，你的兄弟在哪裡？」

上帝希望，該隱乖乖出來認罪懺悔。

該隱酷酷地回答：「我不知道。」他對上帝關愛亞伯仍然惱怒，憤憤地又頂了一句：「我豈是專門在看守我兄弟的人嗎？」

神大大地責備該隱：「你做了什麼可怕的事？你兄弟的血，從地裡向我哀聲哭訴，地也開了口，為你弟弟做見證。現在你得罪了地，就是你種田，田也不再生產。」

該隱不可置信地說：「那我怎麼辦？」

上帝說：「現在，你只好飄蕩流離，成為流浪漢。」

該隱雙手亂搖，著急地抗辯：「這樣重的刑罰，超過我所能擔負的，還有，我離開這兒，不再見到祢的面，人家看到我會殺我。」

當時世上只有亞當一家人，該隱怕什麼？《聖經》上沒有記載。不過，有一件事是可以確定的，該隱如何不顧念手足之情，兇暴殘忍，他自己比誰都清楚，將心比心，他如何能相信任何人？

耶和華有公義也有憐憫，祂雖然恨惡罪，對於有罪的罪人依然有慈愛，祂還是給了該隱一個恩典：「這樣吧，我在你的額頭上做一個記號，誰若殺了你，得要遭報七倍。」

於是，該隱被驅逐出境，離開了上帝的面，住在伊甸東邊挪得之地，娶了妻子，生了兒子。這妻子應該也是夏娃生的，只是《聖經》之中沒有記載女兒的名字。

回頭再來看亞當、夏娃這對夫妻。想想看，他們的老大把老二給殺了，老人又被迫去流浪，既是殺人犯的父母，又是苦主的父母，真是情何以堪。

幸好，上帝關了一扇門，上帝又開了一扇門，他們又生了一個好兒子塞特，夏娃說：「神給了我一個兒子代替亞伯。」這一年亞當一百三十歲，還不算老年得子，因為亞當活到九百三十歲的高壽。

到了塞特的兒子以挪士，這時的人才曉得自己的軟弱，知道要求告耶和華，傳到塞特第五代的後代以諾，神終於盼到他所滿意的人。

以諾信神愛神，正直良善，除了以諾之外，《聖經》中只有一個以利亞，沒有經過死亡的痛苦，直接被上帝接到天堂去。

以諾常常到森林裡與上帝談話，談論上帝創造天地的故事，日復一日，年復一年，不知不覺忽忽已過三百多年。

有一天，以諾又與上帝聊天，天色已晚，走了好遠好遠的路，才知道到了上帝的家。

上帝邀請以諾入座，飯後就留了下來，不再回世俗的家。這一年，以諾三百六十五歲。以諾曾經預言，有一天，上帝會帶領千萬聖者降臨，在眾人身上施行審判。耶穌後來也說：「這個審判，要從義人亞伯算起。」

因之，亞伯被該隱謀殺的案件，到了末世，上帝要再審判一次。

人世之間，狡詐奸滑之後，有時不免遊走法律洞隙，逃過刑罰。因此英國、美國不只在國歌之中，讚美頌揚上帝，希望「天佑吾國」，也在國王即位、總統就職之時，手按《聖經》（而不是憲法）對上帝鄭重起誓，希望上帝密切監視自己這位掌權者。

4

人類歷史上第一次大災難

二〇〇八年的夏天，非洲的肯亞竟然下起大雪，科學家的看法是全球暖化。暖化只能解釋旱災、饑荒、瘟疫。可是還有地震、海嘯……種種災難應接不暇。尤其是二〇一一年三月十一日，日本發生強烈的地震和海嘯，一方面使人不敢再夸夸大言「人定勝天」，另一方面也憂心忡忡，莫不是世界末日即將來到？

根據《聖經》，上帝確曾在創世紀之初，處罰人類，掀起洪水，只有挪亞一家八人躲入方舟，倖免於難。某些海洋學家認為，這場洪水發生在黑海一帶，黑海就是一夕之間，由地中海灌入大量海水，於焉形成。曾經以發現鐵達尼號聞名於世的羅伯巴勒博士，對黑海深深著迷，因為黑海波濤洶湧，深不可測，更因為黑海海底缺氧，且有毒性極強的硫化氫，連蛀蟲都沒法生存，也許神秘的挪亞方舟，完整地躺在海底。

二〇〇〇年巴勒博士率團探險，美國國家地理雜誌全程跟拍，藉由精密的海底探測儀器，他們找到人類居住過的遺跡。但是，距離發現大洪水的證據，或是方舟遺骸，八字還沒有一撇。雖然如此，第二天，全世界各地許多報紙，仍然以尋獲挪亞方舟的消息，橫踞頭版頭條大肆報導。

挪亞方舟究竟是怎麼一回事？為什麼全球讀者都有興趣？

上帝創造亞當、夏娃之後，他們悖逆上帝，吃了不該吃的分別善惡樹的果子，被逐出伊甸園。夏娃生了老大該隱、老二亞伯，該隱嫉妒亞伯，下手害死亞伯，被上帝驅逐出境，成為第一個殺人犯。第二個殺人犯，就是該隱的子孫拉麥，也是個狠角色，他得意揚揚地自誇：「壯年人傷我，我把他殺了；少年人損我，我把他害了。那麼，如果誰殺該隱，遭報七倍；誰殺我拉麥，就得遭報七十七倍。」種種罪孽代代相傳。

另外一方面，到了拉麥，人類物質文明大幅度成長，他有三個兒子，分別是游牧人的祖師爺、彈琴吹簫人的祖師爺、打造銅器與鐵器的祖師爺。

拉麥還犯了一個錯誤，他娶了兩個妻子，違反上帝一夫一妻的原則。打從一開始，上帝用亞當的肋骨製造夏娃，為一對新人證婚之時，神就明白宣告天下：「人要離開父母，與妻子聯合，二人成為一體。」既是夫妻一體，男女都必須自制，奈何正如孔老夫子所說：「吾未見好德者如好色者也。」所以當人類在世界上漸漸多起來的時候，看見貌美女子，就隨意娶來為妻，色慾問題大為嚴重。

上帝看到處處暴力色情、個個邪惡貪婪，而且從小懷著惡念。上帝心中憂傷，也開始後悔，根本不該創造人類，祂說：「我要把人類、爬蟲、飛鳥、走獸一起消滅。」但是，在芸芸眾生之中，神獨獨喜歡挪亞，因為挪亞純潔無邪，時時謹守神的教訓。

上帝對挪亞說：「看哪，凡有血氣的，他們已經到了盡頭，地上全是暴行，我要把他們和整個世界統統毀滅。」

上帝認為人類如果要從頭來過，最好由挪亞來傳宗接代，建立一個良好的榜樣，祂要為挪亞留一條活路，因此指示：「你要用上好的歌斐木打造一艘方舟，舟裡要有房間，裡外抹上松香，長三百肘，寬五十肘，高三十肘，船分上中下三層，船邊要留門，上邊要留透光處。」

所謂肘，指的是上臂與下臂相連之處的關節，用為計算長度則是由肘關節到大拇指的尖端，因此，方舟約莫長一百五十三公尺、寬二十二公尺、高十三公尺，比一個足球場還要大，形狀像一個盒子、櫃子，或是像收斂木乃伊的棺材。容量相當於五百個火車廂，更相當於排水量四萬三千噸的現代大郵輪。

上帝並且囑咐：「到時候，你與你的妻子、三個兒子與媳婦，地上各種牲畜、爬蟲與飛鳥各一對、一公一母帶入船內，你還要為他們準備食物。」

上帝怎麼下令，挪亞就一一而行。他率領兒子不眠不休地展開大工程，並且勸眾人悔改。沒有人聽挪亞的，把他當個傻瓜，嗤笑道：「這地周圍沒有河、沒有海，怎麼會有人笨到在乾地上造船？」

在中國《列子》一書〈天瑞篇〉中，記載杞國有一人，老是在擔憂天會塌了下來，後人比喻為沒有必要的憂慮。挪亞時代的人就認為，挪亞是杞人憂天，自尋煩惱，可是挪亞既明明知道這是神的旨意，也就忠心誠實地繼續努力。

當挪亞要過六百歲生日的前一週，上帝的新命令來到：「再過七天，我要在地上降雨四十晝夜，把我所創造的一切生物全部毀滅，你與你全家都要進入方舟，動物也一樣。」

於是，挪亞展開大搬家，這下子可熱鬧了，除了他家八口人，還包括其他各類動物，浩浩蕩蕩、一對一對，彷彿集體結婚，新郎新娘魚貫步入紅毯，依次進入方舟。溫順的小羊聽話不奇怪，兇猛的獅子竟然乖乖排隊，這真是神的旨意了。入舟後，牠們各自入籠，如同遊客領了鑰匙，進入旅館房間。

到了二月十七日，挪亞六百歲生日的那一天，神給了特別的禮物，祂打開天上的窗戶，雷聲轟轟，狂風驟雨忽焉而至。當時的人們正在吃喝玩樂，舒服歡暢。起初沒把風雨當一回事，孩童們還在雨中打水仗。可是，雨愈下愈大，腳下的水逐漸增高，大家開始害怕，準備遷移，可是一個大浪襲來，根本站立不住。

其中有人的背脊開始陣陣冰涼，他們想起挪亞苦苦勸人悔改，傻傻堅持打造方舟。於是，許多人涉水接近方舟，用力拍打船門，拍得手上全是鮮血。

挪亞心中充滿同情，卻無法開門，懺悔的時間已過。上帝的門，開了就沒人能關，關了就沒人能開。

挪亞正在悲傷，忽然覺得一陣搖晃，他從窗戶往外望，天啊，造在平地上的方舟竟然漂起來，真的成為方舟了。

一會兒與樹梢同高，再一會兒漫過山頂，後來，竟然在大海中搖擺。全世界的高山全被淹沒，人類、飛鳥、走獸完全死光（除了魚類，因為魚不怕水）。

挪亞全家躲在舟中，嚇得魂不附體。方舟中各類動物嚙咬柵欄，搖撼籠子，咆哮哀鳴，鼓譟不安，好像軍隊作亂。挪亞率領家人跪在窗戶之下，不斷禱告：「親愛的上帝，請憐恤我們，神啊，救命啊！」

上帝垂聽了挪亞的禱告，四十天之後，神關上了天上的窗戶，風吹地面。又過了一百五十天，洪水漸消。七月十七日，方舟停在亞拉臘山上。十月初一日，山頂現出，又過了四十天，暖黃的陽光緩緩射入了方舟，挪亞一家人見到久違的光亮，互相抱著親著歡呼。

挪亞打開窗戶，放出一隻烏鴉，烏鴉飛來飛去，沒有下文。古今中外的烏鴉多是不吉不祥的代表，因為烏鴉不負責任。

接著，挪亞又放出一隻鴿子，翩舞而去，但是遍地全是大水，鴿子找不著落腳之處，又敬業地飛回，挪亞用手親熱地接回鴿子。

又過了七天，挪亞再放鴿子出去，牠輕巧機靈而去，瀟洒俐落而回，所不同的是，嘴裡叼著一片新摘下來的、嫩綠可愛的橄欖葉子。鴿子代表和平與希望，也代表宇宙秩序的重整，這就是國際盛會放鴿子的淵源。

於是，上帝命令挪亞全家，帶領動物們，神采飛揚地步出貨櫃，猴子一路高興地拍手，蜜蜂嗡嗡地翻飛哼鳴，鴨子呷呷地嬉嬉鬧鬧，全都樂翻了。

可惜，步出方舟後的人們又開始墮落，所以耶穌預言將有再次的災難，何時降臨不知道，耶穌說：「就像挪亞那時候的人啊，又吃又喝、又嫁又娶，直到挪亞進入方舟，到了那一天，洪水一來，把他們都消滅了。」耶穌就是預備救人靈魂的新方舟。

挪亞時代還沒有不同人種。後來，許多民族都曾經記載先民遇到大洪水，也都記錄了類似的故事。在中國也有類似的傳說，因此有人說中文中的「船」，就是一舟八口，代表挪亞一家八個人得救。

世界末日究竟何時來到？誰也不敢預言，連耶穌都說，那日子如同賊來到，只有上帝曉得。不過，耶穌說過，到那時候，國要攻打國，民要攻打民，多處必有饑荒、地震，「這都是災難的起頭」。

看來，災難已經在全球出現，我們還是趁早躲到耶穌懷裡，乖乖聽上帝的話才是上策。

5 彩虹暗藏的奧秘

有沒有讀過《聖經》的人，對彩虹的體會是不一樣的。

沒有讀過《聖經》的人，看到雨過天青，一道彩虹，也會驚異其美，感到高興。讀過《聖經》的人，會心下一驚：「啊！現在上帝在對我打暗號告訴我，目前的苦難即將過去，馬上會時來運轉。」

按就科學觀點，彩虹乃雨過之後，於太陽反方向的天空，出現紅橙黃綠藍靛紫七色弧形暈影。

神卻是掌管大自然現象背後的推手，過去如此，現在如此，未來仍是如此。

上帝創造天地之初，人類因為物質進步，自以為很有成就，在神看來，卻是世界敗壞，處處充滿色情暴力。於是，上帝決心將世界毀滅，從頭來過。

有一人名叫挪亞，因為對神有信心，且絕對的服從。上帝指示他預先準備了一艘巨形方舟，讓他一家八口，以及一對一對的走獸昆蟲飛鳥躲入。

上帝非常奇妙，祂命令挪亞製造的巨舟，只留下一個小小透光的窗口，這一方面固然是唯恐洪水侵入，另一方面，挪亞與家人只能透過小窗口，窺看外面的世界，不然，嚇都嚇死了。因此有時，神只讓我們看到人生某一面向，如果四面八方全是危險，難免喪失繼續奮鬥的勇氣。

挪亞一家人，經過了一年多闃黑漫長的方舟生活，整天就在船中晃來盪去，提心吊膽，最後擱置在山頂之上。如今死裡逃生，對過去，充滿了感恩；對未來，又有太多期待與不可知的恐懼，更想要求神的幫助。

因此，挪亞這位一家之主，出了方舟，第一件事就是率領全家，為神恭恭敬敬設了一座壇，拿了各樣的牲畜飛鳥，清洗乾淨之後，用火燒了，獻給上帝。

神聞到那馨香之氣，看著祂為世界留下的根，就心裡說：「雖然人類啊，總是一生下來，就懷著惡念。但是，我不再因人的緣故，咒詛大地。從此有播種、收穫，有寒暑、晝夜，生生不息。」

接著，上帝又賜給挪亞一些新的福氣，祂對挪亞全家宣佈：「聽著，你們要多多生育，遍滿全地。空中的飛鳥、地上的走獸都會懼怕人類；海裡的魚、地上的昆蟲全部交在你們手中。」

上帝真是特別看重人類，而不是眾生平等。

上帝還給了一項特別的禮物：「凡是活著的動物，都可以給你們當作食物，就如同菜蔬一般。」人類原先是吃素的，現在可好了，葷素不忌。但是，肉雖可吃，上帝還有一項規矩：「血是動物的生命，你們不可以吃帶血的肉。」

現在一般基督徒，並沒有再嚴格遵守這一條。但是，一直到今天，後來的猶太人一定不會吃三分熟或七分熟的帶血的牛排，必然是全熟的。而且，猶太人平日吃肉，得先把肉浸泡在水中，抹上粗鹽巴，讓殘留的血被吸收排除。肝臟中有大量的血，還必須用燒烤的方式完全清除。最好還得挑選經過「猶太飲食品管師」認可的食品。

此外，回教也是淵源於《舊約》的，所以食用牛肉（豬被認為是不潔淨的動物），也是得先放血，且要經過專人唸《可蘭經》，舉行專門的儀式，方可食用，凡清真館皆是如此。當然，動物放了血之後，也自然比較衛生。原來，這些規矩都是來自《聖經》，多麼有趣。

基本上，上帝是認為什麼都可以吃的，但是，神並不贊成在飲食方面大費周章，就像在〈希伯來書〉中所講的：「那在飲食上專心的，從來沒有得著益處。」上帝也不認為，人要為著吃葷吃素辯論，吃肉的人不可以看不起不吃的人，不吃葷的也不可以批評吃葷的人。

言歸正傳，回到挪亞一家人。即使神賜了這許多的好處，他們八個人經過一年多的折騰，身心俱疲，親朋好友全都死光光，不免感傷，更不免心有餘悸。

上帝是公義的，祂不得不把世界毀滅，就像水族箱中的魚群受到了污染，人們只好把水族箱中所有的魚消滅，然後清洗、曝曬、重新換水，養殖新魚一般。

上帝也是慈愛的，祂看出挪亞一家人的惴惴不安，緊張得彷彿隨時迎接一場新的洪水。因此，祂柔聲安慰道：「我現在要與你們，和你們的子子孫孫，以及地上所有的動物，也就是那些在方舟中的牲畜、飛鳥立約，我應許你們，所有的生物不再被洪水消滅。」

「我把彩虹放在雲彩之中，為立約的記號。」在希伯來語之中，虹代表了弓，中國的武俠小說之中，也常有所謂「其劍如虹」，因此，這表示神放下了弓，不再攻打之意。

此時，一道漂亮鮮豔清楚的彩虹，冉冉出現在天邊，全宇宙屏息迎接盛典。挪亞一家，情不自禁俯伏敬拜，經歷了一番風風雨雨，終於，苦難過去了，感謝主。

上帝的聲音又出現了：「彩虹就是要紀念我與地上所有的生物，所立的永遠的約。」

約是一式兩份，同樣地，在人類與萬物之主所訂的約中，人類只要看到彩虹，就可以思想，上帝在風雨中如何指引、賜福。而且，過去脫困，未來會再脫困。

神是守約的神，可惜，許多人類並不知道這麼美好的應許。當人們遇到困難、沮喪灰心之時，常常會兩手一攤：「現在，我什麼都沒有了。」無助之時，或研究風水，卜卦算命；或熱中西洋星相、塔羅牌等等，至少黃曆是非看不可，否則何以趨吉避凶。

凡此種種靈界之事，必然也有某些效果，否則不會有人相信。

其實，有另一條簡單的路，就是把心轉向耶穌基督，神就會在你不知不覺之中，幫助一個人扭轉乾坤、改造命運。這就是為什麼冰淇淋名稱、銀行廣告都畫上彩虹。在西洋電影，或是國片「海角七號」之中，只要出現彩虹，就代表一個嶄新的希望。

然而，人們若是硬著頸項，始終不悔改，末世就要到來。耶穌說，多處必有饑荒地震，這都是災難的起頭，靈敏的人一定都嗅到警世的訊息了。

6

挪亞兒子的大嘴巴

上帝創造天地的時候，祂說，要有光，就有了光。祂說，要有空氣，就有空氣。神的話語是有力量的。

由於人類是由神照著自己的形象所創造的。所以，一個人無論所說的話是祝福，是咒詛，最後都被自己嘴裡的言語回頭捉住，此乃宇宙之間奇妙的奧秘。

話說在創世紀之初，上帝發現人類邪惡，祂就像是建築師，繪製藍圖剛剛開始，警覺到錯誤連連，無法用修正液塗改。於是，只好揉碎藍圖，從頭開始。上帝不得不用洪水毀滅大地，不過，祂挑選了挪亞一家八口人，躲入方舟，作為留下來的根。上帝當然也有要人類害怕的意味，《聖經》再三強調，敬畏耶和華是智慧的開端。

經過了一年多的大混亂，終於洪水退去，雨過天青，大地再次回復秩序，上帝顯現美麗的彩虹，挪亞一家人展開了新生命。

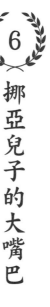

挪亞帶領著三個兒子閃、含、雅弗搭建起帳篷，做起農夫來了。

猶太人做帳篷的材料是黑山羊毛，質地厚實粗糙，冬天遮蔽寒風，夏日捲起，成為酷暑的遮陽棚。山羊毛原先會滲漏，經過一場雨季之後，毛料縮水，反成為了防水布。帳篷內部同樣用山羊毛隔間，分為二到三房，入口處是會客室，或是男主人的房間，後面則是眷屬居住的地方。

挪亞曾經依照上帝的指示，打造排水量達到四萬三千噸的巨舟，做為逃生的工具。如今完成艱巨刺激的冒險使命，回歸到平靜淡泊的生活，他栽種了一個葡萄園。猶太人的飲食之中，新鮮的葡萄與曬好的葡萄乾，乃是重要的食物之一。葡萄可以釀酒，上帝不反對人們喝一點酒，例如耶穌所行的第一個神蹟，就是在婚宴之中，將一缸清水變為濃醇美酒。但是，千萬不可醉酒，因為酒會使人放蕩。

不過，要克制真的很難，新釀的美酒如此芳香，釀酒的人豈可不嚐一嚐、吮一吮、試一試滋味。挪亞先啜了一小口。「嗯，香香濃濃。」咂咂嘴，再試一點，於是，一杯接一杯，不能歇止，到了後來，酩酊大醉，不知不覺，糊裡糊塗之中，把衣服脫光光，涼涼快快躺在床上，不省人事。

這時，老二含進來帳篷，看見父親的裸體，嚇一大跳，想父親大人平日何等道貌岸然，如今竟這般不堪入目，太駭人了。（也有一說是含的第四個幼子迦南先發現，然後告訴含。）無論如何，含急忙奔出，加油添醬地爆料，而且講得聳動不堪。

老大閃、老三雅弗聽得眉毛一皺，一言不發，拿件衣服，搭在肩上，背著臉，倒退進去，趕緊將衣服蓋在挪亞的身上，又迅速離開帳篷，這樣，避免目光接觸到挪亞的下半身，而且避免父親著涼。

挪亞不知道睡了多久，悠悠然醒過來，發現自己一絲不掛，身上蓋著兒子的衣服，這一嚇非同小可。他立刻穿戴整齊，出了帳篷，問明原委，既羞惱自己一時貪酒誤了大事，更憤恨含的大嘴巴。

想當初，若不是他這位一家之主，帶領全家歸主，在耶和華眼中視為義人，一家八口躲入方舟之中，豈不是全被洪水吞噬了？如今做老爸的，不小心喝多了酒，做兒子的含就算是看到了，靜默不語，或是與老大閃、老三雅弗一般，隨便拿件衣服遮一遮，這不就好了嗎？何必看他笑話，到處張揚，萬一傳到媳婦耳朵中，公公的臉往哪兒放？挪亞想的，正是孔子所謂「父為子隱，子為父隱」的道理。

挪亞愈想愈氣，開始反擊。《聖經》中形容，舌頭是身體之中最小的一部分，卻是罪惡的世界，能夠點燃地獄的火。挪亞就是這樣，他心中怒火奔騰，臉上肌肉不由自主抽搐，呼吸愈見急迫，扭曲成一團，舌頭像是火藥引爆，發出了最惡毒的咒詛，他歇斯底里地怒吼：「你們聽著，願迦南做閃的奴僕，願迦南做雅弗的奴僕。」

很奇怪，挪亞咒詛的對象不是含，而是含的兒子迦南，也許是迦南最先看到祖父赤身露體，也許挪亞存心讓含嘗到羞辱的難受滋味。通常家裡的長輩，對孫子輩是比較寬容的，日本人有句諺語說：「眼睛裡容不下沙，卻容得下孫子的頭。」挪亞的報仇心切，乃是因為他覺得隱私權受到強烈的侵犯。

在中國歷史中，有一個與此類似有關隱私權的小故事。故事的主角是亞聖孟子，以及中國第一賢母孟母。孟子三歲喪父，孟子早慧，善於模仿。他們原先住在墳場附近，孟子天天學著喪家嚎啕大哭，昏厥在地。孟母認為不妥，把家搬到市場旁邊，孟子又上演顧客挑三揀四、嫌東嫌西的模仿秀。最後，孟母搬到了文教區，孟子跟著用功讀書，此謂「孟母三遷」。

好，這一回，孟子結了婚，娶了妻子，一家和樂。

有一天，孟子的妻子一人在房間裡，兀自地蹲在那兒。孟子匆匆闖入，見孟妻蹲著，他相當不高興，因為中國古人認為，在人面前蹲著，是一件沒有禮貌的事，何況孟子是何等飽學之士，孟太太豈可如此沒有教養？

孟子臉色難看地稟報母親：「媳婦不守禮法，我要把她給休了。」

「什麼理由？」

「蹲。」孟子理直氣壯回答：「她一個婦道人家，蹲在地上，何其不雅。」

「噢，你又如何知道，她蹲在地上？」

孟子拉長了臉道：「我沒有誣賴她，是我親眼目睹的。」

「噢，」孟母恍然大悟道：「你不知道《禮經》上說過嗎？一個人將要進門的時候，要先問一問，有沒有人在裡面？將要進入廳堂的時候，要提高聲音，讓裡面的人知道，有人要進來了。等到進入屋內，視線下移，免得看到任何不該看到的。現在，你一聲不響，闖到妻子休息的地方，害得她措手不及，被你看到蹲在地上的模樣，你還多嘴多舌，這究竟是誰不懂禮儀？」

孟母果然是孟母，絲毫不偏袒兒子，孟子的臉一陣紅一陣綠，再也不敢提什麼休妻的事了。從孟母的道理來看挪亞，他醉酒脫光光，畢竟是在自己的房間裡，又不是去裸奔，含的大嘴巴著實可惱，但是挪亞自己的舌頭也釀成了巨禍，後來，果然迦南的後代，成為以色列的奴僕。

洪水之後，挪亞又活了三百五十年，活到九百五十歲才死，因此，他是活生生看到，他的咒詛生效，那是多麼可怕的處罰。所以《聖經》中說，舌頭是身體中最小的一部分，卻充滿了害死人的毒物。「謹守口與舌的，就保守自己免受災難。」

7 七十五歲出發的信心之父——亞伯拉罕

在基督教之中，一向強調信心。所謂信心，指的不是一個人對自己的信心，而是對上帝的信心。整本《聖經》之中，最足以代表信心的人物，就是被稱之為「信心之父」、「神的朋友」的亞伯拉罕。

話說上帝造人之初並沒有分人種，天下人的語言口音原是相同的，他們在示拿平原（就是幼發拉底河、底格里斯河、巴比倫這一帶），建立了許多有階梯的多層高塔，技術相當不錯，於是，他們準備建造心目中的一〇一大樓：「我們一塊兒努力，造一座堅固的城，免得分散各地，再造一座高插入雲的尖塔，傳揚我們的名，也好讓耶和華降臨之時，看一看世人的建築有多麼壯觀。」

由於巴比倫附近沒有什麼高山，缺乏石頭作為建材，他們很聰明地製造磚頭當石頭，又用石漆做灰泥（石漆就是鋪馬路用的柏油）。考古學家發現，這一帶地方，正是古代柏油工業的發源地。

上帝非常清楚這些人的心思意念，若是工程完竣，人們會更加驕傲自大、作惡多端；所以，祂下來攪亂他們。突然之間，他們舌頭打結，完全忘掉共同的語言。

一個工人對另一個工人說：「嘰哩呱啦。」

「啦呱哩嘰？」另一工人滿面狐疑，完全聽不懂他在說什麼，雞同鴨講，開始動怒相罵，偏偏連吵架也不曉得在吵什麼，只得停工。人們因為言語隔閡，分散各地。

這座沒有完成的塔，稱之為巴別塔，在西洋文學之中，若是誰想要表現出人定勝天，刻意突顯自己，人們就會嘲笑他，這人想要製造巴別塔。

人想變為神，成為自己生命的最高主宰，偏行己路，放縱私慾。上帝決定興起一個民族、一個國家，能夠忠心順服神，於是，興起了亞伯拉罕。

亞伯拉罕原名叫作亞伯蘭，他是閃的後裔，一家人居住在吾珥城，乃是當地著名的富豪，僕婢成群，牛羊不計其數，金銀財寶算不完。吾珥位於波斯灣附近，在今天伊拉克南部。吾珥非是等閒之地，在西元前四千年（也就是耶穌誕生前四千年）中葉，已經通行楔形文字。後來，世界最古老的法典——《漢摩拉比法典》就是在吾珥出土的，在西元一九〇一年，由法國的考古學家薛爾發現，全文共有二百八十二條、四十九列、三千行，刻在一個圓柱之上，內容包括：訴訟手續、損害賠償、租佃關係、債權債務、對奴隸的處罰，顯示當地法律完備。

此外，吾珥農產富饒，有玉米、椰棗、石榴、蘋果。工商業發達，商船往來於印度洋，有美麗的兩層樓房。考古學家還挖出磚砌的水溝，推測甚且有自來水。且有銀製頭盔、女子頭飾、類似豎琴的樂器、精金打造的牛頭羊頭，甚且還有棋子棋盤，在在顯示吾珥具有高度文明。

可惜，當地人崇拜許多偶像，拜月亮、拜日頭、拜天神。據說，亞伯蘭小時候就曾經搗毀偶像，拒絕向火神膜拜。

有一天晚上，四周靜默無聲，忽然之間，亞伯蘭聽到耶和華神清晰慈愛地對他說：「亞伯蘭，你要離開本地、本族、父家，往我所要指示你的地方去，我必使你成為大國，我必賜福給你，使你大有名望。你要叫別人得福，為你祝福的，我必賜福與他，那咒詛你的，我必咒詛他。地上的萬國，都要因為你得到大福。」

亞伯蘭聽了上帝的吩咐，毫不遲疑地帶著父親他拉，妻子撒萊，以及姪兒羅得，離開了吾珥，在哈蘭地區居住了數年，父親過世之後，他又繼續前進。

亞伯蘭的弟弟拿鶴大惑不解：「你找得到比吾珥更舒服的地方嗎？」

「找不到。」

「你到底要做什麼？到哪兒去？」

亞伯蘭固執地回答：「我什麼都不要，只要到神要我去的地方。」

「那是什麼地方？」

「我不知道。」

拿鶴生氣了：「越過沙漠之時，會遭遇到多少風險？」

「神會照顧我的。」

「天啊！」拿鶴捧著腦袋：「請問你今年多少歲了？」

「七十五歲。」亞伯蘭平平靜靜地回答。在應該退休的年齡，亞伯蘭開始一條新路。巴比倫古文明的研究，始於吾珥；《聖經》詳盡的記載，始於吾珥，這不是偶然的巧合。

亞伯蘭接受了神的呼召，勇敢地離鄉背井，前往神要他去的地方。他先到了迦南（迦南在地中海的東海岸，北邊到現在的黎巴嫩，是迦薩南邊的一塊土地）。神對亞伯蘭說：「這是我為你的後裔準備的地方。」於是，亞伯蘭又繼續遷到伯特利東邊的山支搭帳篷。

亞伯蘭七十五歲出發，一直活到一百七十五歲。這百年之中，他不斷地搭帳篷、拆帳篷、挪移帳篷，辛苦至極，餐風露宿、東奔西徙，為遵守上帝的約。

上帝賜給亞伯蘭一位好妻子撒萊，與他一塊同甘共苦走天涯。撒萊是出了名的美女，人又能幹。可惜她一直未曾生育，多少人勸亞伯蘭娶妾，亞伯蘭顧念撒萊，始終不答應。

可是，困難來襲，他們遇上了大饑荒，人在異鄉為異客，周圍盡是陌生的仇敵。亞伯蘭帶著大批族人、奴僕，全都張口等著食物，他真是傻了眼了。

亞伯蘭唯一的出路，就是前往埃及。埃及是個神秘古國，有屍身不壞的木乃伊、有保存屍體的金字塔、有人面獅身的怪物，還有定期氾濫，灌溉綠洲的尼羅河，使得埃及成為世界的糧倉。

然而，埃及法老王是出了名的好色，撒萊又是絕色，雖然她已經六十五歲了，仍然姿色出眾，晶瑩耀眼，法老王垂涎撒萊的美色，亞伯蘭極可能保不住命。可是若是按兵不動，照樣坐著等死。一剎那之間，硬漢軟弱了，他非常小男人地哀求撒萊：「你如此俊美，埃及人一定會殺了我，求你對他們說，你是我的妹子。」

撒萊原是亞伯蘭同父異母的姐妹，這話也沒錯。撒萊如今真是痛恨自己為何生得如此貌美。因此，通關之時，她特意與中東女人一般，用塊粗布蒙頭蓋臉，只剩下一對眼睛露在外面。

奈何美目盼兮，如此迷人，埃及官員把布一扯，驚呼：「這是我這輩子見過最美的女人了。」蓬頭垢面，不掩國色。撒萊被送入皇宮，亞伯蘭成了「國舅」，得到許多牛、羊、駱駝、公驢、母驢和僕婢。

亞伯蘭與撒萊十分痛苦，無語問蒼天。人的盡頭就是神的起頭。神介入其中，法老全身疼痛，生了怪病，法老的妻妾兒女，一個一個中了獎開始喊痛，御醫、巫師完全不知所措。但是唯有撒萊完好無恙，十分健康。臣宰又打聽到，原來，撒萊是亞伯蘭的妻子。

法老大怒，叫來亞伯蘭，喝斥道：「你為何騙我，她是你妹子？」

亞伯蘭心想，還不是因為你想殺人奪妻嗎？他知道神在幫他，沉穩地回答：「我的神曾說『為你祝福的，我必祝福他，那咒詛你的，我必咒詛他』。」

正被咒詛的法老，趕緊揮手：「去去去，你們全部離開埃及，連我送的一切全部帶走。」

就這樣，亞伯蘭夫妻逃過一劫。

《聖經》中說：「亞伯拉罕因信稱義。」這是誇獎他與神有正確關係。他聽神的話，並不表示他樣樣完美，因此，一代英雄的懦弱，也記載在《聖經》之中。重要的是，從巴別（就是巴比倫）被召的亞伯拉罕，聽上帝的話。

8

英雄的溫柔

亞伯拉罕．林肯是美國人心目中最偉大的總統，他有一句最溫柔的名言：「正如同我不想做奴隸一樣，我也不願意做主人。」因此，林肯解放了黑奴。

亞伯拉罕．林肯的名字，來自於《聖經》之中的亞伯拉罕。

話說亞伯拉罕原名亞伯蘭，接受了上帝的呼召，在七十五歲的時候離開了吾珥，中途因為遇到饑荒，差一點兒丟掉六十五歲卻仍然美麗的妻子撒萊。幸而上帝伸出援手，埃及法老放走他們，還送給他大批的牛、羊、駱駝和僕婢。

亞伯蘭是長子，他還有兩個弟弟，小弟哈蘭早死，哈蘭的兒子羅得，也就是亞伯蘭的姪子，一直跟在亞伯蘭的身邊。

亞伯蘭沒有兒子，他把羅得當作親生兒子一般疼愛。

羅得繼承了父親的產業，手下也有一些牛羊，再加上埃及法老所賜的財物，羅得衝勁十足，期盼飛黃騰達，闖出一番作為來。

不一會兒，他們一群人來到了伯特利附近，支搭起新的帳篷。這下子問題來了，由於牛群羊群太多，地方容納不下，亞伯蘭與羅得的人馬開始相爭。

對於牧人而言，水源與青草都是兵家必爭之地，兩派人馬彼此猜忌，互相放話。衝突愈演愈烈，終於大打出手，雙方都有人掛彩，身上臉上鮮血淋淋。

亞伯蘭望著這一群他親手帶出來的族人，忍不住教訓道：「你們真該感到羞恥，難道你們不知道嗎？我們是親骨肉，我們都是一家人，有什麼好爭的？」

「話不是這麼說。」羅得氣勢洶洶，鼻孔中發出「嘶」的聲音，彷彿被惹怒的公牛。「所謂親兄弟明算帳，伯父的人不應當欺負我的人。」

羅得的眼神殺氣騰騰，亞伯蘭覺得非常陌生，感到一陣揪心之痛，他努力嚥下了失望，平穩地說：「看來，我們必須分開來。」

羅得鼻孔朝天，不發一言，他心中早就有此打算。

亞伯蘭畢竟是英雄人物，他氣魄萬千地下了決定：「你看到了，遍地全在你的眼前，你先選，你向東，我就向西，你往左，我就往右。」

羅得回頭一望，約旦河的全平原，綠意盎然，鮮嫩滋潤，這個天上掉下來的機會不可以放過，否則對不起自己。但是羅得所有的，豈不是多半來自伯父，憑他這個小子，有什麼資格與亞伯蘭競爭？因此，羅得狐疑地望著亞伯蘭。

亞伯蘭慷慨大方地說：「快挑吧。」

羅得指著約旦河平原：「我要這一塊。」誰都看得出來，他選了最好的，完全沒有對長輩的尊敬與禮數。

亞伯蘭點點頭：「好，我們在此分手。」

「真的？」羅得喜出望外，有些不好意思，他親吻著亞伯蘭的手：「謝謝，伯父。」又跳、又笑、又叫，興奮地吆喝著眾人：「立刻拔營。」彷彿中了樂透一般雀躍。

亞伯蘭目送姪子離開，直到看不見了，他不後悔拱手讓出選擇權，他也沒有氣憤，因為羅得乃是自私自利的普通人。他只是覺得感情受傷，不免失望與落寞，心裡空空的。這一切的一切，天上的耶和華看得清清楚楚，祂了解每一個人的心思意念，他曉得誰在付出，誰在佔便宜。

這時，耶和華在空中發出聲音：「亞伯蘭，亞伯蘭。」亞伯蘭立刻低頭伏地下拜。

「你從你在的地方，從東西南北觀看，凡你所看到的一切，我都要把它賜給你的後裔直到永遠。我也要使你的後裔，多如地上的塵沙一般多。你站起來，走遍這地，我要把地賜給你。」

亞伯蘭嚇住了，原來，這一位神，不但是創造天地宇宙的神，也是安慰人的靈魂的神。亞伯蘭像小孩子一般，嗚嗚咽咽地哭了起來，他伸出手臂，想要回抱這一位如此愛他的神，感覺到耶和華神摸他的頭，又暖和又熱烘烘，好舒服。

撿到了好處的羅得這下子可樂了，他興奮地挪移帳篷，一次又一次逼近了所多瑪這一座繁榮富庶之城，可以販賣牛皮、羊皮，賺取厚利。最後，乾脆遷入了所多瑪城。

所多瑪是亞伯蘭再三警告，要他少接近的城市。但是，羅得與大多數的青年一般，愈是罪惡的城市，愈有挑戰的吸引力，而且相信自己不會受到影響。

然而，所多瑪非等閒的城市，在英文中有一個字，sodomy，意思是同性戀或人與獸交合，這一個字就是從所多瑪城sodom延伸而來。所以所多瑪充斥著同性戀，還有雜交、亂交，一塌糊塗、亂七八糟。

所多瑪與蛾摩拉（也是著名的罪惡之城）、押瑪、洗扁、比拉五個城市，原先都臣服於基大老瑪王。

基大老瑪窮兵黷武、威風顯赫，像是後來歷史上的拿破崙。五王經過了十二年之後，在十三年聯合反叛。基大老瑪聯合了三個王，橫掃大沙漠，形成所謂四王與五王之戰。

所多瑪城原是易守難攻，因為土質多坑，一個洞一個洞的，戰車與騎兵無法走動。然而，正如中外的歷史一般，凡是淫亂之國總是淪於敗亡，所以，所多瑪王與蛾摩拉王，逃到山上，來不及逃的人，都被抓去當俘虜。

這時，有一個逃出來的兵，越過山崗，奔告亞伯蘭：「你的姪子羅得也被擄走了。」無論先前的羅得如何寡情，以大家長自居的亞伯蘭立刻率領家丁三百一十八人連夜追擊，迅速趕到了約旦河邊，趁著聯軍睡眼惺忪，硬是把羅得與他的財物、婦女和人民，全部搶了回來。

凱旋歸來之後，亞伯蘭這才想到：「好險！」想這基大老瑪是何等的狠角色，又剛剛才擊潰五王，氣勢如虹，若非耶和華神相助，他是不可能以寡敵眾的。

亞伯蘭班師回營，這時，忽然遠遠地、冉冉地走過來一個白閃閃的老翁，穿著銀熠熠的長袍，瞇著慈祥的笑眼，原來他是撒冷的君王兼祭師——麥基洗德。撒冷就是耶路撒冷城的簡寫與古名，意思是「平安」、「完美」，麥基洗德的原義是「仁義的王」或「公義的王」。

麥基洗德帶著酒和餅來勞軍，這是表示對得勝者的敬意，也帶有感謝的意味，因為撒冷城距離四王、五王的戰場不遠。

麥基洗德撫摸著雪白的長鬚子，笑盈盈地問亞伯蘭：「你認識耶和華神嗎？」

「我？」亞伯蘭笑著說：「我聽過祂的聲音。」

麥基洗德朗聲道：「願天地的主，至高的神，賜福給亞伯蘭。」說著，把餅撕開，拿了一半給亞伯蘭，又斟了一杯酒，互相祝賀吃喝對飲。麥基洗德又說：「把敵人交在你手裡的神，是應當稱頌的。」

亞伯蘭就把戰利品的十分之一拿了出來，交給麥基洗德。這是《聖經》之中，第一次出現十一奉獻，一直延續到今天教堂。上帝哪兒需要用錢？這些費用除了教堂的開支，主要是幫助社會大眾。

人類是不可以試探神的。不過上帝曾說：「你們要將當納的十分之一，全然送入倉庫，以此試試我，看一看我有沒有為你們，敞開天上的窗戶，傾福給你們，讓你們的福氣，多得無處可容。」

亞伯蘭救了羅得一家，羅得仍然眷戀著所多瑪的繁華，不願意跟著亞伯蘭，亞伯蘭也不勉強羅得，很寬厚體恤地說：「我尊重你的選擇。」

無論羅得如何，亞伯蘭永遠以愛護晚輩的心腸，克制自己的怒氣，這就是溫柔。在《聖經》之中耶穌曾說：「溫柔的人有福了，因為他承受地土（地土是上帝的產業）。」亞伯蘭對溫柔作了最佳的詮釋。

9

九十歲的超級美女——撒拉

美國總統就職之時，必定手按《聖經》發誓（而不是憲法），表示願意在造物主監視之下，盡心竭力為民服務。末了一定加上一句So help me God.（所以啊，請神幫助我。）因為他們知道人定不能勝天，人是軟弱的，即使是最勇敢的亞伯拉罕。

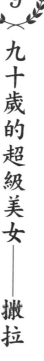

關於亞伯拉罕的軟弱，最著名的一段故事，該是他與非利士人的周折。非利士人就是今天的巴勒斯坦人，又稱之為迦南人，巴勒斯坦的英文（Palestine）就是取名自非利士人（Philistines），無怪乎一直到今天，巴勒斯坦的問題，始終是以色列與阿拉伯之間的大衝突。

話說耶和華神告訴亞伯拉罕，明年他九十歲的妻子撒拉將為他生一子，同時，如果所多瑪城中，找不到十個義人，神要毀滅該城。第二天早上，亞伯拉罕看見火球、瀝青與冒煙的硫磺不斷落在遠處的所多瑪、蛾摩拉城上，接著，河谷平原一片昏暗，所有人類與動植物全被吞噬。最後，煙氣上騰，彷彿燒窯。

亞伯拉罕坐下來，捧著臉「嗚嗚」地哭泣。他嚇壞了，迫切地想要離開希伯崙谷，雖然這兒住了二十多年，有草原、有牛羊、有僕婢。但是，他心有餘悸，擔心平原塌陷，二來或許那兒正醞釀饑荒，因此，他準備拔營，遷往基拉耳。

當時居住在基拉耳的，就是非利士人。非利士人原是愛琴海、希臘一帶的居民，善於航海，被稱之為海民（Sea people），以經商為主，有鐵器與橄欖工業，屬高度文明，反而神所揀選的以色列人是居住帳篷的，生活機能落後的。但是神要祂的子民，站在人們看得見的地方，彰顯神的道德規範與公平正義，當然，這是個困難的任務。

所以，向來最為勇敢、對神最有信心的亞伯拉罕膽怯了，他低聲地懇求撒拉：「你到了那裡，拜託千萬不要告訴別人，我是你的丈夫，只要說，我是你哥哥。」

「我都九十歲了。」撒拉啐了他一口，也不免心中一酸。

「可是，你還是這麼美。」

九十九歲的亞伯拉罕，不是在獻殷勤，他是真的怕。從年輕的時候，撒拉一出現，旁邊的男子就好像心上有螞蟻爬過。二十多年前，埃及王法老垂涎撒拉的美色，將她奪去，後來，神救了撒拉。如今撒拉雖然皺紋密布，仍然儀態優雅，風姿綽約。人生每一個年齡有每一個年齡的美麗，許多女人年齡增長就放棄了自己，撒拉永遠努力保持新鮮活力。

亞伯拉罕與撒拉，的確也是同父異母的兄妹。不過，避重就輕，混淆視聽，將自己的尊嚴與妻子的貞潔擱置一旁，當然還是欺騙與詭詐。

當亞伯拉罕一行到了基拉耳，他與撒拉果然人前人後以兄妹相稱。過了沒有多久，基拉耳王亞比米勒（意思是我父我王，他們的領袖，父子都稱為亞比米勒），差了人把資深美女撒拉帶走，真是不幸而言中。

亞比米勒準備找個好日子圓房，因此，暫時沒有親近撒拉。

有天晚上，耶和華神來到亞比米勒的夢中對他說：「你這個死人啊，你怎麼把別人的妻子搶了過來？」

亞比米勒應當也知道，所多瑪城因為不義被毀之事，他著急地分辯：「主啊，我們是有義的國，祢也要傾覆嗎？那人不自己說是我妹妹，那美女不也說，這是我哥哥嗎？我做這事，可是心正手潔。」

神和緩地說：「我曉得你心中正直，所以我要攔阻你，免得你得罪我，你趕快把這人的妻子還他，他是先知，會為你禱告。否則，你們所有的人都會死。」由此可見，神愛世人，不只是猶太人。還有，當時社會女人被當作財產，上帝卻重視婚姻的聖潔。

亞比米勒嚇得坐直了身體，僵住不能動。

召來臣僕商議，人人臉色發白，急急找了亞伯拉罕，亞比米勒劈頭就罵：「我什麼地方得罪了你，害我國陷入大罪。」

亞伯拉罕低下頭，不吭聲，表示默認。

亞比米勒更生氣了，「你說，你到底為什麼做這種事？」

亞伯拉罕回答：「我總認為，這兒的人不懼怕神，一定會因為我妻子貌美殺了我。」

亞比米勒驚愕地白了亞伯拉罕一眼，亞伯拉罕訕訕地解說：「她原也是我同父異母的妹妹。」他愈將行為合理化，愈顯得心虛，道德標準比亞比米勒還要低。

於是，亞比米勒把撒拉還給亞伯拉罕，又讓他的人馬在基拉耳隨意居住，並且好言安慰撒拉，「我給你哥哥一千銀子，當你的遮羞費。」他故意稱亞伯拉罕為哥哥，存心諷刺他一下。

接著，亞伯拉罕為亞比米勒禱告神，亞比米勒的妻妾便恢復生育的能力。原來，當亞比米勒搶來撒拉之時，神已經把他妻妾的子宮關閉了。

在《聖經》中極少完美的人，即使如亞伯拉罕是義人，也會有跌倒滑跤之時，因為他相信神，雖然沒有求告神，神還是暗中搭救。

10 兩個女人的戰爭——以阿仇恨話從頭

自從一九四八年以色列建國，以色列人和阿拉伯人的戰爭不斷出現在電視畫面上，人們屢屢看到無辜的小孩慘叫哀嚎，每每覺得何必如此殘忍血腥？以、阿的尖銳對立，固然是以色列建國，使得原來位在該地的巴勒斯坦人（屬阿拉伯民族）成為難民所致。但是追本溯源，乃是來自兩個女人的戰爭。

遙想當初，上帝呼召亞伯拉罕（原名亞伯蘭），離開吾珥，賜福給他。以後，他的姪子鬧著分家產，亞伯蘭寬宏大量地讓羅得先選了上好之地。可是當羅得被四王聯軍擄走之時，亞伯蘭立刻率領三百多名壯士搶回羅得與他的財物。

亞伯蘭回到家，撒萊出來迎接，緊緊地抱住亞伯蘭，淚珠灑落在亞伯蘭的肩膀上，喃喃泣訴：「我好擔心。」回到帳篷，撒萊打了一盆水，彎下腰來，溫柔地為亞伯蘭洗腳，想著想著，又不免老調重提：「對不起，到現在還沒有為你生下一男半女。」這一年，亞伯蘭八十五歲，撒萊也有七十五歲了。

亞伯蘭拍一拍撒萊的手，體貼地安慰道：「沒有關係，我們有以利以謝。」

「以利以謝」希伯來語的意思是「上帝幫助」，根據當時的努斯法律的規定，膝下無子的夫婦，可以選擇任何一人收為養子，這人有完全合法的權利繼承家業。以利以謝是大馬色人，管理他的家業，也是亞伯蘭眾多僕人的領袖。

夜深了，撒萊睡著了，亞伯蘭兀自瞅著微微細細閃爍的燈火，心裡頭發急，擔心聯軍會不會前來報仇。突然之間，他聽到耶和華對他說話：「你不要怕，我是你的盾牌，我會大大地賞賜你。」

亞伯蘭幽幽地說：「我沒有兒子，祢還賜給我什麼？要繼承我家業的是大馬色人以利以謝。」

神鄭重地說：「不是、不是，你自己所生的，才是你的後嗣。」

亞伯蘭掀開帳篷的簾子，跪著爬了出來，上帝的聲音又出現了：「你向天觀看，這麼許多星星，你數得來嗎？」

亞伯蘭像小朋友一般數著「一、二、三、四……」數著數著，笑了起來，繁星點點，豈能盡數？

上帝又開口道：「看到沒有？你的後嗣將要像星星一樣多，我要把這地賜給你。」

亞伯蘭忍不住又問：「耶和華神啊，我怎麼確定我會得到這地呢？」

神說：「這樣吧，你明天為我預備三歲的母牛、母山羊、公綿羊各一隻，以及一隻班鳩、一隻雛鴿。到時候，你就明白了。」

在當時的兩河流域，文字協議尚未普遍，習慣用這樣的方式立約，立約人將祭牲劈開對置，從中間走過，表示若不守約，也要這麼樣被劈成兩半。

第二天一大早，向來聽神的話的亞伯蘭，從牲口之中，挑出了最好的一隻母牛、一隻母山羊、一隻公綿羊，全都是養了三年大的。因為三歲的母牛母羊已經很肥美，卻尚未產子。三歲的公綿羊也最鮮嫩，卻還沒有耕田。

亞伯蘭把袍子綁在腰間，袖子捲好，用利刃殺死牲畜，一剖為二，鳥因為太小，就沒有被劈開，然後，一半對著一半擺著。

然後，亞伯蘭就呆呆地坐著等著，到了中午，來了一群鷲鳥，嗅到肉香，低空盤旋，飛到了死畜身上。亞伯蘭著急地甩著手臂，大吼大叫：「滾開，滾開，這是為神預備的。」趕走了一批，過一會兒，又來了一批。在燠熱的陽光之下，他驅趕了一陣陣來襲的鷙鳥，實在累慘，終於疲倦地睡著了。

忽然之間，天上降下一片深濃陰鬱的大黑暗，亞伯蘭猛然驚醒，這才發現，整個大地籠罩在暮色之中，耶和華的聲音響起：「我要把從埃及河到伯拉大河之地全部賜給你的後裔。」接著，不知從哪兒冒出來的火把與煙爐，迅速地從被劈成兩半的牲畜中通過，上帝已經在榮光之中，莊嚴地完成了祂的神聖立約。

亞伯蘭在暮色之中，目睹這驚人的一幕，嚇得嘴巴張得大大的。他回到帳篷，沒敢告訴撒萊。因為不孕這件事，已經如影隨形困擾著她，亞伯蘭不忍心再增加撒萊的負擔。

從上帝第一次應允亞伯蘭後裔繁多到現在，整整十年了。撒萊已經七十五歲，她沒法生育，所以，撒萊終於下定決心，對亞伯蘭說：「你還記得我們從埃及帶來的女婢夏甲嗎？她體格健壯，我有意讓她成為你的妾。這樣，根據習俗，如果她在我眼前生下孩子，這孩子便屬於我的。」

如果換成別人如此建議，亞伯蘭掉頭就走。但是，這一回，撒萊十分堅持。

撒萊興奮起勁地往下說：「我已經問過夏甲，她很樂意，也不斷地感謝我。」撒萊陶醉在自己的大度大量之中。

亞伯蘭不作聲，表示默許。

在撒萊看來，她是為了愛情，做了最壯烈的犧牲。殊不知，上帝造人之初，已經明示：「人要離開父母，與妻子聯合，二人成為一體。」既是二人成為一體，多出一人，就違反了神的美意了，更不合乎人性。

開頭幾天，每到晚上，撒萊很高興地催促夏甲：「快、快到亞伯蘭的帳篷裡去。」她的意思是要夏甲當個代理孕母，可是人不是機器，日久天長，夏甲動了情，眼中流露迷濛的水光，撒萊感到心中又燒又辣，發現自己給自己掘了一個大洞。

亞伯蘭雖然不是年輕男子，但他畢竟是鐵錚錚的英雄好漢，又是族人的大家長，而且從他待姪兒羅得的方式，就知道他為人寬宏體貼。夏甲長這麼大，沒有一個男人對她如此善意。況且，如今夏甲的丈夫也是亞伯蘭，正如同神對夏娃的咒詛：「你必戀慕你的丈夫。」因此，夏甲沉醉在新婚的甜蜜之中，渴望能夠得到更多的關愛，原也是人之常情。

夏甲只是女婢之時，她從不敢妄想，亞伯蘭會多看她一眼，當時夏甲忠心伺候撒萊，然而如今地位不一樣，心情也轉為仇人情敵，當亞伯蘭如往日一般，把手搭在撒萊肩膀，兩人有說有笑，夏甲有說不出的厭惡。中國人老早知道，一妻一妾不吵嘴，這比登天還難。兩個女人原為好友，如果中間夾了一個男人，非鬧革命不可。

當夏甲確定懷孕，戰況升高，亞伯蘭喜上眉梢不在話下，族人們也紛紛對夏甲道賀。隨著肚皮的隆起，夏甲的下巴抬得更高，就是在亞伯蘭眼前也時時使性子，又是撒嬌又是蠻橫。

有一回，撒萊在準備小嬰兒的臥鋪，夏甲挺著肚皮走過來，脫口而出：「我的小孩不用這種粗糙的爛東西，要用埃及香料薰過的小床。」

「你生下來的小孩是我的。」撒萊冷冷地提醒夏甲。

「哼！」夏甲撞倒了小臥鋪，撒萊踉踉蹌蹌站不穩。夏甲見到迎面而來的亞伯蘭，又立刻甜著笑臉湊了上去。

撒萊氣到停止呼吸，過了好一會兒，恨恨地對亞伯蘭說：「我因你的緣故，受盡委屈，我好心把婢女放在你的懷裡，她有了身孕，竟這般待我，願耶和華在你我中間公斷。」

撒萊說的是事實，亞伯蘭回答：「她是你的女婢，隨便你怎麼處理。」

在當時，奴婢沒有地位，主人可以置他於死地。撒萊當然不至於此，但是，有了亞伯蘭這句話，她擺出十足主人架式，命令她做這做那。女人都是特別敏感的，從前夏甲挑水是理所當然，如今卻有被整垮的傷心，向亞伯蘭哭訴也沒有用。加上懷孕期間全身不舒適，夏甲想想，自己一個埃及人本是異族，又不是她主動要嫁給亞伯蘭的，終於在一次兩個女人大衝突之後，夏甲噙著眼淚，滿懷憤怒，她出走了，她要逃得遠遠的……

11 阿拉伯尋根

身懷六甲的夏甲，離家出走，擦著流不完的眼淚，哭著、跑著，來到了書珥旁邊的水泉邊，已經累得雙腿發抖。

她再度放聲痛哭，耶和華的天使出現，對她說：「撒萊的女婢夏甲，你從哪兒來？要往哪兒去？」

「我從我的主人撒萊面前逃出來的。」夏甲老老實實地回答，至於要到哪兒去，她一片茫然。

天使勸她說：「回去吧，回到主人身邊，好好順服在她手下，你呢，將要生下一個兒子，取名為以實瑪利，意思就是神聽見。這孩子性情像一匹野驢，他的手總是忍不住要打人，人的手也會想打他，你的後裔將多得不可勝數。」

「真的？」夏甲尖叫起來。「沒想到耶和華神是這樣看顧我的神。」

於是，夏甲按照天使的吩咐，滿懷希望回去。不過，看到了撒萊，兩人怒目而視，笑不出來，也無法心服。不久之後，生下一個男嬰，取名為以實瑪利，這一年，亞伯蘭八十六歲。

依照規矩，婢女生下來的小孩，應該算是撒萊所生的，夏甲不過只是代理孕母。但是，孩子粗手大腳、皮膚黝黑，一看就是夏甲生的，而且孩子很自然地與親生母親親密。

以實瑪利果然如神所預言，是個具有野驢脾氣，怎麼也安靜不下來的過動兒。在夏甲看來他是活潑可愛，撒萊則嫌他野蠻粗魯、沒有教養。亞伯蘭處在兩個女人當中，笑臉協調，十分辛苦。

如此春去秋來，十三年緩緩而逝。

在亞伯蘭九十九歲的時候，耶和華神又向亞伯蘭顯現說：「我要與你立一個約，你，要在我面前做個完全人。我要讓你的後裔極其繁多，國度從你而立，君王由你而生，我要與你及你的世世代代堅守我的約。同時，你們的男子都要受割禮，剛生下來的男嬰也要在生下來第八天行割禮。」

所謂完全人，指的是全心向神忠誠，謹言慎行，彷彿神隨時在身旁。

神繼續說：「從今以後，你不再叫作亞伯蘭，要改名為亞伯拉罕。」亞伯蘭的原意是「崇高的父」，亞伯拉罕更了不起，意思是「多國的父」。改名代表了人生的新方向、新身分和新命運。

耶和華神還撂下一句更勁爆的話：「你的妻子撒萊，也要改名，她要叫作撒拉，我要賜福給她，她要為你生一個兒子，她也要做多國之母。」

匍匐在地的亞伯拉罕心中好笑：「我九十九歲，撒拉九十歲，兩個加起來快兩百歲的人還要生孩子嗎？」因此，他馬上接口道：「但願神保佑以實瑪利。」

神說：「不然，關於以實瑪利，我答應你，我必會賜福給他，他一定會生十二個族長，後代昌盛。但是你的妻子撒拉，明年這個時候要為你生一個兒子，你要為他取名為以撒。」

不久，有一天午後，亞伯拉罕正悠哉游哉坐在帳篷外邊休息。忽然之間，遠遠來了三個陌生人，出現在幔利橡樹那兒。

亞伯拉罕向來熱情好客，他立刻跑上前去迎接，並且跪在地上說：「啊，我的主人，求你們不要離開，讓我出去打點兒水來，讓你們洗洗腳，在樹下休息休息，我再拿一些餅來，你們用過點心再走不遲。」

那三人回答道：「你既然如此有誠意，就照你所說的去做吧。」

亞伯拉罕興奮地急急忙忙進入帳篷，吩咐撒拉：「快，你趕快用三細亞的細麵做些可口的餅，我要款待貴客。」

細麵就是上好的麵粉，一細亞相當於十五公升，也就是用四十五公升的麵粉做餅，招待僅僅三位客人。可見得亞伯拉罕與中國人一樣，請客就怕客人吃不飽。

接著，他又興匆匆地跑入牛欄，牽了一隻又嫩又好的牛犢來，交給僕人，要僕人盡快來一道香噴噴油滋滋的燒烤小牛來，自己又忙著準備塗在餅上的油與鮮奶。一切料理妥當，他就把食物擺在他們面前，自己站在樹旁，彷彿餐廳的侍者一般，招呼客人享用美味的野宴。

這三人中被曠野熱氣蓋住臉的長者，其實是耶和華，神是不能讓人看見的，其他兩位是天使，亞伯拉罕並不知道，他只是慷慨地、傻傻地款待陌生人，這是他可愛善良的地方。

用餐完畢，三位旅人問：「你妻子撒拉在哪裡？」

「在帳篷裡。」亞伯拉罕回答道。

來。

其中一位道：「明年此時，我回到這兒，你妻子撒拉將為你生一兒子。」

撒拉在帳篷裡，心中好笑，暗忖：「這玩笑開得也太大了吧。」於是，信步走了出來。

耶和華對亞伯拉罕說：「撒拉為什麼笑？」「為什麼認為自己年紀老邁，不能生養，在耶和華豈有難成的事嗎？」

這下把撒拉給嚇住了，她趕緊否認：「我沒有笑。」

「不對，你實在是笑了。」

撒拉想，我在帳篷裡，心中想什麼，怎會有人知道，看來眼前這位面貌模糊的長者真是耶和華神。於是，她開始相信九十高齡、早該當奶奶的年紀，將會生子。有了這個對神的信心，上帝開始運用大能，暗中調整撒拉的體質，果然漸漸地小腹隆起，她懷孕了！

很快地，這個奇蹟傳遍了整群族人，個個前來探望，人人歡喜雀躍，到了分娩產下小嬰兒的一刻，眾人高聲呼喊，熱鬧得像沸騰的滾水。

撒拉抱著懷中的男孩親著吻著，激動得又哭又笑，她說：「上帝使我笑嘻嘻，凡聽見的，也與我一同笑嘻嘻。」

這個奇蹟之子取名為「以撒」，希伯來文中「笑」的意思。這一年，亞伯拉罕一百歲。

到了以撒兩、三歲斷奶的時候，亞伯拉罕為他舉行大規模的盛宴，歡聲響徹雲霄。然而有兩個人無法與撒拉一同歡笑的，就是落寞的夏甲與不知所措的以實瑪利。

這時以實瑪利約有十五、六歲，一向被僕從們全心擁戴，乃是理所當然的繼承人。如今，面臨驟變，不曉得應當如何適應。因此，他一面牽著弟弟的手與他玩耍，眼神中卻流露嫌惡與憤怒，撒拉出於母親的本能，心下一驚，轉身又接觸到夏甲怨毒的苦瓜臉。

撒拉害怕了，尤其她年事已高，她擔心夏甲母子聯手，會不利於以撒，她決心奮力還擊，當天晚上她搖醒睡夢中的亞伯拉罕：「你把這個女婢與她兒子一塊趕出去，他們不可與以撒同受產業。」

亞伯拉罕當然不願意，他真後悔當初不該娶夏甲，攬出一堆麻煩。這時神的聲音響起：「你要聽從撒拉所說的，以撒所生的，才能成為你的後裔，至於以實瑪利，我必使他另成一國。」一齊人之福真是難以承當，上帝其實是為每一個人著想。

第二天，夏甲與以實瑪利帶著餅、一皮袋水就被趕出門。在曠野裡迷了路，水也喝完了，母子抱頭痛哭，夏甲嘶吼：「我不願意孩子死掉。」又一次神救了她，神的使者在天上說：「擁抱你的孩子，我必使他成為大國。」夏甲突然看見水井，母子獲救，孩子長大，成為弓箭手，娶了埃及人為妻。

以實瑪利就是今天阿拉伯人的祖先。回教自稱為伊斯蘭教，伊斯蘭的原文，正是阿拉伯文的以實瑪利的名字，阿拉伯人也一致公認亞伯拉罕是他們的祖先。由於有這一段情仇，以色列與阿拉伯世世為敵，其來有自也。

12

上帝在人體上的記號——割禮

長久以來，中東局勢險峻，很大的原因，來自於以色列人和阿拉伯人無法用寬恕與愛心彼此相待。其實他們不但源自共同的祖先亞伯拉罕，在身體上也有一樣的記號。

——以色列的男嬰，在生下來第八天，一定都會受到割禮。

——阿拉伯的男嬰，在初生的第八天，百分之百受割禮。

由於猶太人的外貌，與一般西方人無二。因此，在第二次世界大戰期間，德國納粹會用脫去衣服，仔細檢查的方式，確定是否猶太人，再予以逮捕，關入集中營。

那麼，割禮究竟是什麼？

遠在四千多年之前，亞伯蘭九十九歲之時，上帝為他改名為亞伯拉罕，並且對他說：「我要與你訂一個約，你要完全遵守我的命令，我就使你後裔昌盛。你的妻子撒拉，明年要為你生一個兒子，你家中所有男子，都要受割禮；男嬰生下來第八天，也要受割禮，作為你們肉體上永遠的記號。」

當天晚上，亞伯拉罕就為自己、為家中所有的男丁，包括他與埃及女了夏甲所生的、十三歲的以實瑪利（就是後來阿拉伯人的祖先），一起割除了男性生殖器上包住的一圈皮（又稱之為陽皮或包皮），並非僅僅割劃一道傷口。

亞伯拉罕對割禮並不陌生，因為當時有此風俗。遠古時期，閃族人會把他們的長子，當成活人祭，獻給神明，保佑以後的兒子順利成長，後來，改用指尖或包皮作為祭物。

不過，上帝有更深一層的用心，當初上帝在伊甸園，嚴正告誡人類始祖亞當：「園中任何果子都可以吃，就是不可吃分別善惡樹的果子。」偏偏亞當受了夏娃的慫恿，吃了不該吃的禁果，被趕出伊甸園。

亞當違反上帝的命令，從此魔鬼撒但侵入人體，代代相傳。世人都有與生俱來的原罪，想要脫離神的管轄，隨一己的慾念與衝動而行，一時不亦快哉，卻產生種種墮落污穢的行為，追逐享樂卻並不快樂。

上帝挑揀了以色列民族為選民（不是有投票權的公民），用割禮的記號，提醒他們要分別為聖（把自己從罪惡之中分別出來）。即使在齷齪的環境之中，依然保持百合般的清純。

到了第二年，亞伯拉罕一百歲人瑞之時，撒拉以九十歲的超高齡產婦（這項紀錄冠絕古今），平平安安生下以撒。這一件神蹟，更堅定了亞伯拉罕的信心，他希望孩子在上帝的保護下成長，更希望世世代代都是如此，割禮就是這麼來的。

以撒只有八天大，他不可能自己拿刀自己割，一定得要仰仗父母，這就表示，孩子雖然是屬於神的，但是父母得要善盡教養之責，正如中國人所說的：「養不教，父之過。」

到了今日的猶太人，依然完全奉行割禮，並且往往會在親朋好友之中，挑選品德兼優者擔任教父、教母。他們的任務是，將小嬰兒抱入準備接受割禮的房間，蘊含著負起屬靈老師的責任，亦如《三字經》中的「教不嚴，師之惰。」

進入房間之後，通常會先預備好一張空椅子，稱之為以利亞椅（以利亞是《舊約》中的先知，他向神求火得火、求水得水）。接著，男嬰的父親感謝神：「把我們的孩子引進我們父親亞伯拉罕的約中。」然後由受過訓練的，所謂「教儀割禮師」抱著小嬰兒操刀。

小貝比為什麼不會掙扎亂動呢？原來猶太嬰兒出生之時用鹽揉洗，然後兩腿併攏，用四、五吋寬，五、六碼長的亞麻布纏裹成木乃伊一般，無法自由伸縮，方便於乖乖就範受割禮。所以〈路加福音〉記載：「今天在大衛城裡，為你們生了救主，就是主基督，你們要看見一個嬰孩，包著布，臥在馬槽裡，那就是記號了。」

至於為什麼選擇生下來第八天行割禮？原來根據現代醫學的研究，嬰孩出生第八天，人體才會產生讓血液凝結的因子，否則小嬰兒極有可能失血過多而死。到底，人是神手所造，祂清楚一切。割禮儀式之後，通常會有一個歡愉的家庭聚餐，猶太人與中國人一般，重視家庭觀念。

至於女嬰，自然沒有割禮。但是往往有一個盛大的命名禮。父母會為她取一個好聽的希伯來名字，例如多加（羚羊）、羅大（玫瑰）、馬利亞（神的禮物）。最奇特的是，因為男子受割禮，以色列婦女是全球婦女罹患子宮頸癌比例最低的。因此，許多現代文明男子為了衛生、為了保護妻子，也割除了包皮。這與猶太人行割禮，意義上有所不同。

對於猶太人而言，受割禮是在上帝面前、魔鬼面前、眾人面前鄭重表示歸於神，終身遵守律法，引以為榮。然而到了耶穌降臨的新約時代，神的恩典不再是猶太人的專利，而是普及全世界，肉體上的割禮也改換為洗禮。

一個基督徒在悔改之後，要接受洗禮，就是重生之浴，牧師將信徒浸入水中的那一刻，代表「老我」與耶穌同死；牧師攙扶起來的下一刻，表示與耶穌同復活，成為一個新造的人，將過去所犯的罪（不包括法律上的，而是靈上的）洗淨。如果這人沒有悔改的信心，洗禮無效，神也不接納。

割禮是小男嬰在沒有自主能力之時，由父母決定執行的；洗禮則是成年的男女有責任感、有道德感，心中有罪咎，願意在神前悔改，希望罪得赦免，重新過聖潔的生活，二者有別。

13

亞伯拉罕獻子

任何人的一生之中，什麼時候會遇到有形或無形的土石流，誰也無法預料。因此，耶穌勸勉世人：「不要為明天憂慮，因為明天自有明天的憂慮，一天的難處一天擔當就夠了。」

對於亞伯拉罕而言，當生命之中最艱難的考驗來臨之前，他正舒舒服服安享歲月靜好。

曾經擄走他美麗妻子的亞比米勒跑來求情：「我現在明白，凡你所做的事，都有神保佑，請你記住我曾厚待你，也請你起誓，不要欺負我與我的子孫。」

精幹的亞伯拉罕乘機送給亞比米勒七隻母羊，作為他挖別是巴這口井的證據，他並且在井旁種植一棵垂絲柳樹作為記號，感謝耶和華神，讓他有源源不絕的水源，牧養眾多的牛羊。

這時的亞伯拉罕安閒地呵護以撒的成長。這個兒子聰明優秀、善良貼心，是他百歲人瑞、他妻子撒拉九十歲時神賜奇蹟。亞伯拉罕一看到以撒就笑，以撒的一舉一動，亞伯拉罕都覺得可愛至極，心中不斷湧出歡喜甜蜜。

突然之間，神的考驗驟然降臨，祂在夜晚對亞伯拉罕說：「你帶著你的獨生愛子，前往摩利亞，把他當作祭牲。」亞伯拉罕嚇得手杖落地，連連打寒噤。

到了破曉，雖然一日未眠昏昏沉沉，亞伯拉罕卻展開行動，劈柴、備驢，帶著以撒與兩個僕人上路。他當然不敢將此行的目的告訴撒拉，否則撒拉一定以死阻攔。

亞伯拉罕情願用他的生命、他所有財產換回以撒，以撒可是他眼巴巴盼到一百歲、神所賜的命根子。而且神再三說：「以撒生的才是你的後裔。」以撒的後代會子孫眾多，枝葉繁茂，怎麼就這樣死了、燒了？亞伯拉罕實在不明白。

從別是巴到摩利亞地，只有短短八十公里，卻是亞伯拉罕這輩子最長的路程，他走幾步，停幾步，恨不得永遠不要到達，儘管心中酸楚到了極點，表面上還是勉強擠出笑容，不要讓同行的人與以撒發現。

到了第三天，亞伯拉罕舉目望見那地方，轉身對僕人說：「你們待在這兒，我與童子去拜一拜就回來。」說著，將燔祭的柴擱在以撒的背上。

這時的以撒到底多大，《聖經》沒有明確的記載，不過，從以撒可以忍受長途跋涉，又能扛負沉重的木柴，應當有十多歲了。

不知情的以撒突然冒出一句話：「父親啊！火也在這兒，柴也在這兒，但是獻燔祭用的羊在哪裡？」

這句話像一把尖刀，霍地刺向亞伯拉罕的心窩，他在猛烈的劇痛中，想到耶和華神所應許的：「你後代子孫多如天上的星、海邊的沙。」頓時生出信心，對以撒說：「神自己會預備。」

終於到達目的地了，亞伯拉罕緩緩地搜集石塊，排列成堆，小心翼翼地捆束柴火，到了這步田地，不能不據實告訴以撒：「兒啊！神要以你作為燔祭。」亞伯拉罕放聲大哭，以撒也哭，父子二人生離死別，哭得泣不成聲。

奇怪的是，十多歲的以撒竟然沒有絲毫抗拒，他一向乖順，一面擦眼淚、一面自己躺上了柴堆，他已是壯碩的青少年，若是拚命反抗，亞伯拉罕還不容易制伏以撒。

這時，亞伯拉罕痛苦地閉上眼睛，高高舉起亮晶晶的刀，掉著眼淚砍下去。就在這千鈞一髮一瞬之間，神的使者在天上呼叫道：「亞伯拉罕、亞伯拉罕。」

亞伯拉罕收了刀，天使高聲說：「你千萬不可傷害這童子。」

亞伯拉罕驚訝地尋找聲音，忽然看見一隻不曉得從哪兒來的公羊，兩隻腳被扣在樹叢中。

「天啊！」亞伯拉罕飛奔而去，取了這隻現成的羊，代替以撒，完成了莊嚴的燔祭。亞伯拉罕因此將此地取名為「耶和華以勒」，意思是耶和華必預備。

耶和華的聲音朗朗響起：「我指著自己起誓（因為沒有比耶和華神更大的了），你既然連獨生子都肯給我，我必賜大福給你，連地上的萬國，都要因為你的後裔得福。」

於是，亞伯拉罕帶著以撒，回到僕人那兒，一同歡天喜地回到別是巴。

上帝為什麼要給亞伯拉罕如此嚴峻的考驗，要他證明他毫無保留愛上帝，且以上帝為生命的主宰？

這乃是因為神知道，愛是一個人生命最大的驅力，無論是愛任何人事物，都可能得失心太重，飛蛾撲火，偏離正道，做出不該做的蠢事。唯有心心念念以上帝居首，才能走向光明大道。這就是：「敬畏耶和華是智慧的開端。」所以無論《舊約》、《新約》，第一條誡命就是愛神，其次是愛人如己。

此外，當時迦南地區有獻兒女的惡劣風俗，他們為了討邪神的喜悅，居然會鑄一個金屬偶像，用火燒得熾紅，然後把小嬰兒放在偶像的臂彎之中，像烤乳豬一般，活活燒熟，聽到孩子的慘叫聲也充耳不聞。這真是「行耶和華眼中看為惡的事」。因此，神藉著亞伯拉罕的故事提醒人們，神可不喜歡這樣的燔祭。

上帝知道，世人最捨不得的，就是自己的獨生子。所以，最緊要的關頭，他阻止了亞伯拉罕獻子。然而，上帝卻讓他獨生愛子耶穌，在各各他山被釘在十字架上，為世人贖罪，各各他山就在摩利亞地。

14 淫亂之城的毀滅

人與同性或與獸的性行為，稱之為所多瑪（sodomy），這個名詞是由所多瑪城（Sodom，位於死海南岸的城市）而來，其中有一段著名的故事：

當耶和華神造訪亞伯拉罕，並且預言，明年他九十歲的妻子撒拉將為他生一兒子，亞伯拉罕知道神是信實的神，他高興得要飄上雲端。

不一會兒，神又對亞伯拉罕說：「你是我的朋友，我不瞞你，所多瑪和蛾摩拉這兩個城市，罪惡重大，聲音傳到我的耳朵，我要下去察看一番。」

正在興頭上的亞伯拉罕，剎那凍成冰棒，他的姪子羅得正居住在所多瑪，他老早再三警告羅得，這個城市到處上演真人表演的限制級秀，尤其是貪戀男色的猥褻畫面，大人小孩兩不宜，亞伯拉罕走在街上，一定用雙手蒙住羅得兩個幼女的眼睛。

亞伯拉罕知道，神是願意饒恕人的神，因此他為所多瑪向神求情：「倘若那個城裡有五十個義人，祢還要毀滅那地方嗎？將義人與惡人一同消滅，這豈是公義嗎？」

「我若在所多瑪城裡，看見五十個義人，我就罷手。」

「神啊！我雖然只是灰塵，還是斗膽地說，假如就因為少了五個義人，你就要把整個城毀滅嗎？」

「我若是看見四十五個義人，我也不毀滅那城。」

亞伯拉罕如此討價還價，最後敲定若是找得出十個義人，神就饒恕所多瑪城。

中國人說：「上天有好生之德。」上天其實就是上帝，上帝希望人人好好活著，但是祂除了慈愛，必須維持公義。

所多瑪物產豐饒，建築壯麗，人民飽暖思淫慾，卻不知大難臨頭。當兩位天使到達之時，羅得正端坐在城牆的房間中，此乃處理百姓訴訟之地，可見得羅得地位很高。

羅得見到兩位天使喬裝的男子，他與亞伯拉罕一般熱情，非要拉著回家款待。於是，羅得開開心心往前帶路，赫然冒出兩個大漢，緊緊摟著，又親又吻，突然發現英姿颯爽的天使，不約而同鬆開雙臂，一人想拉天使的手，另一人不老實地就要摸天使的臉。

羅得尷尬地拉著天使逃脫，不料差點被地上躺著的三個少年人絆倒，他們也瞥見了美男子，其中一位還裝出嬌媚的女人狀，用手抓著天使的腳跟，嗲聲道：「一起來玩。」

三人好不容易殺出重圍，踉踉蹌蹌回到家裡，羅得準備了豐盛的筵席與無酵餅，剛剛用罷，忽然之間，所多瑪城所有男女老少全來了（果然沒有義人），拿著火把，團團圍住羅得的家，在外面鼓譟怒吼：「羅得，今晚到你家的陌生人在哪兒？趕快交出來，讓大家一起樂一樂，別只顧著自己玩樂。」

羅得急得滿頭大汗，狼狽地走出來求饒：「親愛的弟兄們，別做這樣的醜事，我有兩個標緻的女兒，還是處女，我把她們叫出來，任憑你們吧。」這個做父親的，情急之下，竟然連女兒也不顧。但是所多瑪的居民對美女已經膩煩了，他們要新鮮口味的男配男。

眾人彷彿集體中邪的惡魔，群情洶洶：「滾開，讓我們進去，你這個在我們這兒定居的，憑什麼管我們，想當官啊？」亂民向前擁擠，拿著木頭衝上來，眼看著房門就要撞破。突然之間，兩位天使伸出手來，將羅得拉入屋中，關上大門。城外的居民，突然眼前一片迷濛，什麼也看不見，個個摸來摸去，著急地喊著：「我怎麼瞎了？」「看不見了。」

天使吩咐羅得：「你這兒還有什麼親人嗎？趕快帶著走，耶和華命令我們毀滅這城。」

羅得急著找到兩位準女婿，大女婿驚呼：「這個玩笑有意思。」二女婿則表示：「喔！我倒有興趣看一看毀滅城的壯觀景象。」都以為羅得在說笑話。

天亮了，羅得仍然想救人一塊兒逃，又捨不得說走就走，兩位天使不由分說，拉著羅得、羅得的妻子、他們兩個女兒硬拖到城外，溫柔地說：「往山上逃命吧，不可回頭看。」

羅得已經累到膝蓋發抖，他哀求道：「謝謝我主的慈愛，救我的命，但是我沒法子一下跳上山，求你讓我逃到小城瑣珥。」

天使答應了，當羅得一行到達瑣珥，太陽升出來，頃刻之間，硫磺與火自天而降，所多瑪與蛾摩拉的一切，包括平原、人口、植物全部毀滅。據現代地質學家的研究，並非火山爆發，而是上帝利用地震，放出大量的石油氣，混合硫磺、各種豐富鹽類，放出大量瀝青，用閃電引爆滅盡。

羅得向前奔跑，背後傳來山崩地裂、建築倒塌、居民尖叫哀號等種種恐怖巨響，羅得的妻子回想過去繁華，忍不住頭往後轉望一望，剎那間，被滾燙的岩漿覆蓋，成為一根鹽柱。羅得哀傷地帶著兩個女兒逃到山中，這兩個女兒為了想替父親留後代，竟然灌醉父親，與之同寢，生下兩個兒子，成為摩押人與亞捫人的祖先。在罪惡之城長大的，也就不以亂倫為恥。

一直到今天，所多瑪與蛾摩拉深埋於海平面一千三百呎的死海之中。附近詭異荒寂、寸草不生，沒有飛鳥，水邊有許多人形鹽柱，人們都稱之為「羅得之妻」。神施恩典，也一定得審判罪惡，因為人擁有選擇的自由意志，並非無奈無助的犧牲品。所以耶穌勸人悔改，祂能赦罪，也再三叮囑：「你們要回想羅得的妻子。」

15

上帝作媒

中國人有一句話：「千里姻緣一線牽。」但是這一根紅線該如何牽成？

亞伯拉罕正為兒子以撒的婚事發愁。以撒是他一百歲，他妻子撒拉九十歲之時，上帝所賜的神蹟，撒拉活到一百二十七歲時去世，超級美女也是超級長壽。這時候的以撒已有二十七歲，早已過了適婚年齡。

亞伯拉罕找來他的老管家，拉著管家的手，放在亞伯拉罕的大腿之下，囑咐道：「我要你對著耶和華發誓，你回到我的老家去，為我兒子找一個好妻子來，千萬不要害他娶了迦南這個地方的女子。」亞伯拉罕奇異的起誓法，是當時的慣例，大腿下面是生殖器，表示違背誓言即絕子絕孫。

管家心想，雖然亞伯拉罕財力雄厚，但要一個女子離開漂亮的樓房，跟著以撒住帳篷，天天露營，似乎不容易。因此他為難問道：「倘若那女子不肯到這個地方來，我是不是要把以撒帶過去？」

「不行，你要謹慎，不許把以撒帶過去。」

管家明白，因為迦南地區崇拜亞舍拉女神，亞舍拉衣著暴露，強調肉慾，流風所及，迦南地區女子性開放，這是神最痛恨的，也是亞伯拉罕所不喜悅的。然而人海茫茫，黃塵滾滾，佳人何處覓？

老管家領了艱難的任務，帶了十匹駱駝，裝滿各樣財物，起身前往米所波大米，一路上辛苦疲憊，足足趕了八百公里，到達亞伯拉罕弟弟拿鶴所住的城裡。

到達的那天，已是黃昏傍晚，一大群荳蔻年華的青春美少女，嘻嘻哈哈、吱吱喳喳地出來打水，她們把水瓶倚在肩頭，笑聲飛揚、神情愉快，正如杜甫詩中所言：「三月三日天氣新，長安水邊多麗人。」水邊，永遠是古時女人社交之處。

老管家突然一個靈感，跪了下來，恭敬地祈禱：「神啊，求祢施恩給我的主人亞伯拉罕，今天，我若向哪一個女子要水喝，她願意，甚且也願意給我的駱駝喝，她就是祢預定為以撒準備的新娘了。」

管家話還沒有說完，突然之間，一個容貌秀麗、身材高眺的女子，娉娉婷婷、輕輕巧巧，速度極快的扛著水瓶走了過來，她是聰慧可人的利百加，還是個處女，沒交過男友。

管家趨上前去：「請問，給我一點水喝，好嗎？」

「當然好。」利百加俐落地把水瓶托在手上，客氣禮貌地說：「我主，請喝。」

管家咕嚕咕嚕喝著水，覺得甜美無比，直喝到舒舒服服打了一個飽嗝。

利百加愛憐地望著駱駝道：「你們一定也渴了吧。」接著，一旋身，飛快地奔下凹凸不平的石階，用瓶子裝滿水，再扛回肩上，登上石階，把水倒在水槽之中，拍一拍第一隻駱駝的腦袋，牠就乖乖踱去喝水。

駱駝不是屬於可愛寵物，牠臭氣薰天、外貌醜陋、聲音嘶啞，還會吐口水，愚蠢又頑固。但是吃苦耐勞，腳上的肉墊，不但與貓一般行走無聲，粗糙的蹄，能夠忍受沙漠中炙熱的土壤與砂石，而且牠能揹負一百八十二公斤走幾十公里，連續走上好多天，不需要喝水，不需要花錢維修保養，壽命長達四十到五十年，比汽車還要耐用。

由於駱駝能把水貯存在體內的囊袋之中，因此當駱駝的商隊找不到水源之時，人們會殺掉一隻駱駝，取牠胃囊中的水喝。駱駝忠心耿耿、死心塌地，換來如此無情的回報，難怪眼神之中有著無奈與無辜。

一隻駱駝能夠貯存二十五加侖的水，一次可喝掉九加侖之多，十隻駱駝可以喝掉九十加侖的水，夠利百加累了，她奔上跑下，動作俐落、快手快腳，其他女子都回家了，她還是笑嘻嘻在忙。管家驚異如此風姿綽約的美女，居然力大無窮，可以當舉重選手，並且充滿愛心。

他掏出兩個金鐲、一個鼻環送給她，並且請問芳名。

「我是拿鶴之子彼士利的女兒，我叫利百加，歡迎到我家住宿，也歡迎駱駝到我家食用糧草。」

管家簡直不敢相信如此順利，拿鶴正是亞伯拉罕的弟弟，太巧了。而且利百加雖是富戶名媛，絲毫沒有驕氣，上帝還真是會選人。

利百加聽完了原委，急急回家稟報母親。當家的是她精明勢利的哥哥拉班，拉班掂一掂妹妹的手鐲，兩個約莫十舍克勒，一舍克勒十一點四公克，再加上駱駝背上載著的金器、銀器和寶物，顯然這是嫁入豪門，又是親上加親，也就含笑應允。

第二天，管家急著回去，利百加的媽媽捨不得，哥哥說：「得看看利百加的意思。」

「我去！」利百加爽利地回答。利百加的名字有嫵媚動人，又有雄牛之意，她是兼而有之。

於是，利百加帶著奶媽底波拉與使女們，騎著駱駝出發了。到達的那一天，以撒正在田裡發呆，一抬起頭，與利百加四目相望。咦！好像夢中見過的仙女。美人兒竟然騎著駱駝來，駱駝背上沒有一處是平的，可見美女兼俠女。

利百加問僕人：「這是誰？」

「就是我的主人。」

她臉一紅，蒙上帕子。在神的指引下，以撒娶了利百加，並且愛她，再沒有愛過別的女人。利百加算起來是以撒的姪女兒，因為亞伯拉罕的弟弟是拿鶴，拿鶴的孫女是利百加，以撒是亞伯拉罕的兒子，也算是親上加親一件喜事。無論中外早期都是宗族之間內婚盛行。

16

決定命運的紅豆湯

西方人有一句話：「可別成了你的紅豆湯。」這是什麼意思呢？

話說以撒四十歲之時，娶了利百加，神賜福給他，讓他耕種有百倍收成，當了大富豪，夫妻幸福美滿。然而直到以撒六十歲時，利百加才懷孕。

利百加的害喜非同尋常，她腹痛如絞，躺在地上喊救命，神告訴她：「兩國兩族在你腹內相爭，將來大的要服事小的。」

終於熬到分娩之時，果然是雙胞胎，先出來的哥哥，身體發紅，渾身是毛，夫妻倆為他取名「以掃」，乃工作之意，也表示毛多，毛毛也。弟弟立刻抓緊哥哥的腳，跟著呱呱墜地，因此給他取名為「雅各」，意思是賞賜，也有欺騙之意，乃抓抓也。

這兩個孩子漸漸長大，以掃高大粗獷、孔武有力，充滿冒險精神，擅騎術愛打獵，以撒喜歡他，像個男子漢。

利百加卻從雙胞胎生下來那一刻，她就偏愛雅各，雅各秀緻英俊、聰明靈巧，就像利百加。長大以後，雅各的活動範圍不出帳篷與牧區，總是安靜體貼地繞著媽媽轉。

有一天，雅各正在熬煮紅豆湯，這個紅豆湯不是我們常吃的甜點，而是近東人食用的一種扁豆主糧，他們通常把餅搓成湯匙狀，舀著進食。

雅各繼承著母親的好手藝，不曉得放了什麼特別的葉子，攪拌得好香好香，以掃從外面打獵回來，一路被引到雅各的帳篷，高聲嚷嚷：「哎呀，餓昏了，快給我吃。」

「等一下，」雅各慢條斯理道：「你先把長子的名分賣給我。」

「我人都快要餓死了，這長子名分對我有何益處？」

「是啊，假如你現在就死了，你什麼也得不到。一個死人，能夠繼承什麼？不如你今日將長子名分賣給我，這樣，對你而言，絕絕對對是有益的。」雅各咬文嚼字講了半天。

粗線條的以掃，一心在想紅豆湯要燙嘴熱才好吃，涼了就沒有味道了，擺擺手說：「好啦，一切依你。」

「不行，你要發誓。」雅各繼續催逼。

以掃大叫：「我發誓。」說著，抱著一鍋紅豆湯，配上剛烤好的焦黃脆香的餅，風捲殘雲，吃得乾乾淨淨，用手抹抹嘴，好不痛快也。要知道，長子繼承父權，且得雙倍遺產，雖然也有人買長子名分，但是，一碗紅豆湯，未免太廉價了。

利百加護雅各，沒有責怪他狡猾，只是氣惱以掃蠢笨，她認為長子既是繼承父權，將要負起傳達神的奧秘，以掃著實不配。何況，神早就告訴過她，大的要服事小的。

機會來了，以撒漸漸老去，沙漠之中陽光熱烈，他生了白內障，老眼昏花看不見。一日以撒喚了老大來，對他說：「兒啊，去打獵吧，帶點野味來解解饞，我好在沒有死以前為你祝福。」這個祝福非同小可，等於是宣佈合法的遺囑。

利百加看到以掃帶著弓箭出去了，一把抓住雅各說：「快，到羊群中拿兩隻肥山羊來，我照著你爸爸的口味做給他吃，你就可以假裝是以掃，讓他為你祝福。」

「這不妥當吧？以掃多毛，我光滑，爸一摸就知道，我會招來咒詛。」

「你只管聽我的話，任何咒詛歸到我身上。」利百加覺得自己充滿了壯烈的犧牲之情。

雅各一向覬覦長子名分，也看不起哥哥，更難違抗意志堅決無比的母親，於是乖乖找來肥羊，讓母親把以掃的衣服穿上，又用山羊皮包在手上頸上，捧著利百加迅速烤好的美味，按捺住心中狂跳，來到以撒的帳篷中說道：「我是以掃，野味準備好了。」

「兒啊，這麼快你就回來了。」

「因為耶和華你的神讓我遇到好機會。」

「過來，讓我摸摸你。」

雅各挨近父親，以撒摸到羊皮，疑惑地嘟囔：「奇怪，聲音是雅各的，手是以掃的。」他又問了一句：「你真是以掃嗎？」

「我是。」雅各說著遞上酒肉，以撒舒服地吃喝了，然後吩咐：「兒啊，來與我親嘴。」（以色列人有親頰之習。）

雅各湊上去，以撒聞到毛的味道，於是放心為他祝福：「願神賜你甘露肥土、五穀新酒，願多民多國跪拜你，願你母親之子向你跪拜，咒詛你的，願他受咒詛，祝福你的，願他蒙福。」說完，以撒累了，睡了。

不多時，以掃回來，做了美味，送上給以撒，以撒大驚：「你是誰？」

「我以掃啊！」

以撒嚇得發抖：「那剛才誰給我吃了野味，得到我的祝福？」

這還用問嗎？以掃放聲痛哭：「父啊，你沒有留下為我祝福的嗎？」以撒搖頭，以掃恨透了雅各，怒聲道：「他詐騙我兩次。」心中暗忖，待父親死後，非殺雅各不可。

第二天一早，利百加又出了新主意，她對雅各說：「走吧，到你舅舅拉班那兒去，等你哥哥氣消了，我再打發人叫你回來。」就這樣，利百加不計一切的偏愛雅各，偏離神的道，欺哄丈夫，虧欠長子。

17

被騙的滋味

《紅樓夢》是中國著名的古典小說，賈寶玉與林黛玉這一對才子佳人，多愁多病、俊美靈秀，不知道多少戀愛中的男女以此自比。《聖經》中也有一段癡情的故事，書中的主角是以色列的祖先雅各，以色列之名稱就是由他而來。

雅各從他雙胞胎哥哥以掃手中，騙走了長子的名分以及父親的祝福，著實惹惱了以掃，雅各只得逃之夭夭。

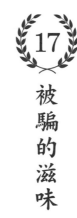

一路上，雅各緊張萬分，擔心擅長打獵的以掃隨時會追殺過來，在杳無人煙的夜晚，四周顯得格外恐怖。雅各枕著一塊堅硬冰涼的石頭，疲倦地睡了。夢中看到一個梯子，直升到天，天使來回上下，異常忙碌。遠遠地，在數不清的階梯頂端，他看見了上帝。

上帝說：「我要把你現在躺臥之地，賜給你與你的後裔，無論你到哪兒去，我都會保佑你、看顧你、絕不離棄你，帶領你回到這地。」

雅各嚇得坐直身體，他自言自語：「這個地方多麼可畏，乃是神的殿也、天之門也。」於是，他將油澆在所枕的石頭上，並且為這殿取名為「伯特利」（就是神殿）。

雅各鄭重地許願：「神若是與我同在，一路上保佑我，又給我食物吃，給我衣服穿，使我將來可以平平安安回家，我一定以耶和華為我的神。」也就是說，雅各雖然從小受了割禮，他心中並沒有真的以神為神，而是視之為祖父亞伯拉罕、父親以撒的神。

人總是這樣，被逼到盡頭，才願意求神，雅各還開了條件哩。

過去以撒夫婦一直希望，雅各能與他舅舅的女兒結親，雅各如今走投無路，也只有投奔舅舅。

他終於到達了目的地，只見田間有一口井，旁邊有三群羊閒閒地躺臥著，雅各是牧羊高手，他詢問一些把手靠著當枕頭的居民道：「時候還早，你們怎麼不讓羊喝了水，趕緊去放牧？」

「不行，得等到羊到齊才能喝水，而且井上的大石頭也不是我們三個人搬得動的。」

正在說話之間，雅各看見一個俏麗活潑的美人兒，娉娉婷婷帶著羊過來了。居民告訴雅各：「這是拉班的小女兒拉結。」

雅各心想：「不會這麼巧吧？」拉結走近了，水汪汪會說話的大眼睛，顧盼神飛，閃閃動人，既聰慧又美麗，真正可愛至極。雅各剎那墜入情網，就像寶玉初識黛玉的震撼。「這個妹妹，我曾見過的。」

雅各拍拍手，站了起來，輕輕鬆鬆用手一推，井上的大石頭，在眾人一聲「啊！」中被挪開，他殷勤地跑到拉結身邊，接過水壺，為她的羊群打水，漂亮地在佳人面前露一手。

拉結也發現雅各溫文儒雅又力大無窮，舉手投足皆是不俗，好像哪兒見過似的。於是，兩人親嘴。（《聖經》中的親嘴，是一種中東的社交禮儀，互親臉頰，類似西方的貼面禮，並不是指熱吻。）因為喜不自抑，又因為隱隱然覺得情路多舛，兩人同時放聲大哭。

雅各的舅舅拉班，也聽說外甥雅各來了，跑來與他親嘴，馬上發現他二人的一見鍾情。想當初雅各的爸爸以撒，可是遣人帶來厚重聘禮，才娶了雅各的媽媽利百加。如今雅各卻是兩手空空，拉班淡淡地說：「我們是骨肉，你住下吧。」

雅各知道拉班精明，不敢吃閒飯。他頭腦好、動作快，一個月下來，拉班看清楚了雅各的優秀，想要留住這個人才：「我不能讓你白白做工，你開個工價吧。」

雅各深情地望了拉結一眼：「我為拉結，幫你做七年工。」一旁拉結的姐姐利亞，也正默默含情望著雅各，不過在雅各眼中除了拉結，其他任何女人都只是石頭。

接下來的七年，雅各每天早上哼著歌兒上工，開開心心、歡歡喜喜，拉結的意思是母羊，雅各經常摟著小母羊讚歎：「小母羊睫毛黑長，眼神清亮，就像我未來的妻子拉結。」他只要遠遠看到拉結，偷偷交換一個眼神，拉結攏一攏頭髮，互相笑一笑，雅各就甜蜜蜜。

雅各因為深愛拉結，七年如同幾天匆匆而過。

七年滿了，拉班大擺筵席，雅各盼了又盼的日子終於來到，他沐浴薰香，打扮妥當，嘻嘻哈哈與賓客喝酒盡歡，送入洞房。

第二天一大早，雅各興奮地張開眼，突然發覺新娘子竟是眼神空洞的利亞，他彷彿遇見了鬼，開始大叫、大叫、大叫，一路叫到拉班的房間，把拉班從床上拉起來，委屈氣憤地吼怒：「為什麼騙我？你明明知道，我是為你的小女兒拉結才受了七年苦。」

拉班笑道：「你難道不曉得，我們這兒的規矩，大女兒沒嫁，小女兒不能嫁，再過七天（婚宴通常舉行七天），我就把拉結也給你為妻，不過，你得再為我做七年工。」

雅各愛拉結，恨恨地答應。接下來的七年，他做得辛苦憤怒，就像寶玉發現新娘子從黛玉換了寶釵，最後冷著心腸出家當和尚。

當雅各設計欺騙哥哥以掃，他心中謀算長子的利益，並非存心要傷害以掃的心，然而當他自己被騙時，他氣憤得想殺人。利亞難道不曉得他是為拉結做工嗎？他又為什麼要為一個自己不愛的女人，白白多做七年工？一時之間，苦澀酸楚一塊兒湧上心頭。

18 齊人之福

「齊人之福」的成語出自《孟子》一書，意思是說有一個齊國人，每天排滿了與富貴賢達的應酬，油光嘴滑回來對著一妻一妾誇耀。

妻子覺得可疑，尾隨跟蹤，發現丈夫竟然是到墓地，向一家一家掃墓的家屬乞討剩食，妻妾抱頭痛哭。

孟子的原意是諷刺小人巴望高升的醜態，然而人們卻豔羨齊人之福，多妻多妾。

雅各愛上表妹拉結，他的舅舅拉班原先答應，雅各做滿七年工，就讓雅各與拉結成親，結果洞房之夜偷樑換柱，新娘子被掉包成拉結的姐姐利亞。

一番爭執之後，過了七天，雅各得以再娶拉結，只是要再做七年工。

當雅各第二天清晨在新房裡，訝然看到利亞之時，彷彿見到鬼般大吼大叫，周圍的人全被嚇醒。

利亞看見雅各憤怒的模樣，擔心雅各會狠狠揍她，怨她夥同偷天換日。但是沒有，雅各畢竟是文雅之人，往後的日子，雅各也從未施展家庭暴力，只是永遠冷冷淡淡。利亞原先默默愛慕雅各，結婚之後，更是深深依戀雅各。神見利亞失寵，就讓她懷孕，利亞生下了流便（就是有兒子的意思），歡喜得流下眼淚：「讚美神，感謝神看見我的苦，如今我的丈夫必然愛上我。」

雅各抱著第一個兒子興奮雀躍，可是對於孩子的母親利亞，依舊不言不語，毫無表情。當雅各一轉身，看到拉結，立刻眉開眼笑，情深意濃。利亞難過得長吁短歎，每個動作都在指控：「看，你就是不愛我。」

雅各心煩，扭頭就走。

利亞的意思是「野母牛」，她發起牛脾氣，執拗地猛生孩子，深信母以子貴，總有一天，能夠得到雅各的愛情，於是，利亞連生三了：

老二西緬，就是聽見的意思。

老三利未，就是聯合的意思。

老四猶大，就是讚美的意思。

每一個名字，都代表利亞的心情。雅各依舊不愛利亞，沒有真情的結合是苦澀的。

因此，利亞對於妹妹拉結，有說不出的嫉妒。

另外一方面，拉結也深沉地悲痛。她與雅各一見鍾情，相戀七年，人盡皆知（當然包括姐姐利亞），好不容易熬到婚姻大喜，新娘卻換成利亞。雖說七日之後也成了親，滋味完全變餿。而且雅各第一晚認錯人也就罷了，以後一連與利亞生了四個兒子，雅各為何一再與利亞同床，愛情豈可分割？

有一天，拉結又醋上心頭，大發脾氣：「雅各，你快快給我一個兒子，不然，我就要死了。」

雅各望著氣紅了臉的拉結，突然發現，他最溫柔可愛的小母羊（拉結的意思是母羊），怎麼變成一隻兇悍的母獅子，也就繃著臉回了一句：「叫你不生育的是神，我有什麼辦法？」

拉結就像中國古代宮廷鬥爭一般，心生一計：「這兒有我的女婢辟拉，你可以與她生子，歸在我的名下。」

於是，辟拉為雅各生了一子，拉結很高興扳回一城，給他取名為但（就是伸冤的意思）。接著，乘勝追擊，再生一子拿弗他利（相爭的意思）。

既然球賽已經開打，利亞也搬出女婢悉帕給雅各為妾，相繼生了迦得（意思是萬幸）、亞設（意思是有福）。

由於家中充滿了憤恨惡毒的氣氛，連小孩子也相互仇視，捲入鬥爭的烈火之中。

有一天，利亞的長子流便在田間割麥，發現風茄，很高興地拿來給母親利亞。風茄狀似人形，與洋芋同類，被認為有催情壯陽之用，可以增加性功能。有一種說法，認為風茄就是人參。

拉結看到風茄，就對姐姐利亞說：「請你把兒子的風茄給我一點吧。」

「什麼？」利亞冷笑：「你搶了我的丈夫還算小事嗎？連我兒子的風茄你也不放過嗎？」

拉結心忖，誰搶了誰的丈夫這還難說，她忍著氣道：「你給我風茄，今夜雅各可與你同寢。」

原來因為拉結的緣故，雅各已許久沒有來找利亞了，當天晚上，雅各下工回來，利亞攔道站著說：「我用風茄買下你了。」

於是，利亞懷孕生下二子以薩迦（意思就是價值）、西布倫（意思就是同住），又生了一個女兒底拿。

最後，神終於應允了拉結的禱告，讓她能夠生育，生下一子取名為約瑟（就是增添的意思），就像中國人的名字添男添丁一般，希望未來可以再生一子。後來，果然生了便雅憫，拉結卻也難產而死。

利亞與拉結各有苦衷，原先情深的姐妹，成為水火不容的仇敵。上帝並沒有責備她們嫉妒，反而後來在摩西律法中規定，姐姐未死之前，姐夫不可娶妹妹，因為婚約之中，男女雙方都想擁有完整的彼此，包括精神與身體。

雅各形容自己的生活是：「白日受盡乾熱，黑夜受盡寒霜，不得闔眼睡著，苦命人也。」這不但是他惡劣環境的寫照，也是齊人之福的無奈。另一方面，利亞與拉結，眼中沒有上帝，沒有其他人，只想追求愛情，誠如《聖經》所說：「以別神代替耶和華的，他們的愁苦必加增。」她們把雅各當成了渴慕的神，注定一輩子痛苦。

19 小小羊兒視茫茫

三、四十年代曾經流行過一首動聽的國語歌曲〈小小羊兒要回家〉：「天色已暗了，星星也亮了，小小羊兒跟著媽，不要怕，不要怕，我把燈火點著了。」描述母親的仁慈，把孩子們當作乖乖小羊。

然而，真實的羊媽媽，雖然疼愛小羊，卻沒有保護羊寶寶的能力。因為羊既無尖牙利爪，又跑得不快。因此，大自然裡有野牛、野馬、野豬、野鹿，卻很少有野羊，羊是需要有牧羊人的悉心照料。

雅各牧養著舅舅兼岳父拉班的羊群，他是個　等一的好牧人，他了解綿羊與山羊天生有別。

綿羊溫柔婉約、溫馴善良、容易受驚，牠們時常把頭鑽進前面一隻羊的後腿之中，既是好玩、也是遮風蔽雨，遠遠看起來，彷彿是一大團羊毛球。綿羊害怕湍急的流水。

所以《聖經》中說好牧人要為羊「找到可安歇的水邊」。

山羊是另一種性格：活潑外向，調皮好動，沒有冒險的本事，卻偏偏喜愛攀爬危險。綿羊常會糊里糊塗跟著山羊跑，所以，山羊經常是做壞事的「領頭羊」。

羊的嘴唇與鼻子距離太近，容易嗆到水，因此要在安靜的水邊喝水。有時，雅各又要把小羊的四個腳綁起來，讓羊休息一陣子，他還給每隻小羊取了名字，像寵物一般寶貝著。

一個好牧人要帶領羊群爬山涉水，到處覓食。好玩的是，當雅各的羊群與另一牧人的羊群相遇，一塊兒吃完草，一片混亂的局面之後，雅各站起來，一吆喝，屬於他的羊全都乖乖地站了起來，跟在他的後面。

同樣的，當另一牧人一喊，屬於他的羊也會自動排隊。

曠野中的羊被太陽曬成白內障，個個視力不佳，奇怪的是，牠們聽覺敏銳，識別性強，對於主人的聲音，有種特殊的親切感。

若有陌生人，學著雅各的聲音呼喚，羊從來也不會上當，詐騙集團難奈羊何。即使今天人們赴聖地耶路撒冷一遊，還可以看到當日雅各牧羊類似的情景，小羊依舊認識主人的聲音。

小羊若是貪玩，或是不小心迷了山路，那是非常危險的。牠離開羊群，形單影隻，很可能會餓死，更可能因為想喝山谷中的溪水，不慎落下懸崖，摔斷骨頭，甚且喪命。這時雅各就會投入溪水，抱起小羊；或是遇到獅子遇到熊，還得與武松打虎一般，從猛獸的嘴邊救回小羊，羊群立刻會圍成一圈，又跳又叫，好像對雅各歡呼感謝。

到了晚上，回到帳篷，羊媽媽急著找小羊餵奶，小羊也急著找媽媽吃奶，所有的羊「咩咩」叫個不停。

雅各還真是細心有本事，把小羊一一送到親生媽媽那兒喝奶。就是這樣無微不至的照顧，羊隻愈來愈多，遍布山野。

雅各因為娶了拉班的兩個女兒利亞與拉結，白白為拉班做了十四年的工，期滿之後，他迫不及待去找舅舅拉班，對他說：「請讓我帶我的妻兒回家鄉去。」

「這、這怎麼可以？」拉班著急地結巴道：「我占卜過的，耶和華神會賜福給我，全是因為你的緣故。」（兩河流域與中國古代相同，行陰曆，拜多神，愛占卜）。

雅各回答道：「我沒有來之前，你的牲畜很少，你是知道的，如今卻是數目龐大。可是，我要什麼時候才能為我的家小掙錢呢？」

拉班著急地拉住雅各的胳膊說：「一點沒錯，你是應該為自己興家立業的。這樣吧，你開一個數目，我就付給你。」表現得非常慷慨大方的模樣。

雅各一向知道舅舅一毛不拔，吝惜至極，舅舅又是他岳父大人，也不便開高價，於是想了一個方法：「這樣吧，你也不必給我什麼，只要你答應我一件事，我就照樣替你放羊，你只要把黑綿羊，以及斑斑點點雜色山羊挑出來給我，以後這一種羊就歸我，其餘仍是你的。」

拉班心忖，黑綿羊是少數，有雜色的山羊也是不多見，這場交易划得來，他拍手道：「好，完全依你的，現在你開始上工吧，時候不早了，該帶羊去吃草了。」

當天，拉班就把黑綿羊與有斑點的山羊挑了出來，交給他兒子說：「快把這些羊帶走、離開，與雅各隔著三天的路程，看看他拿什麼繁殖後代。」

拉班的詭計，頗似漢朝的蘇武牧羊，匈奴人存心整死蘇武，拿了一群公羊，要他等到公羊生出小羊之時，才能回到中原。後來人算不如天算，蘇武還是回到家園。拉班所作所為，都看在神的眼中。

人總認為自己高瞻遠矚，聰明能幹，所謂人定勝天。可是，在上帝眼中，人與羊是一樣的，看不清前面的方向。

雅各的母親利百加慫恿他，冒充哥哥以掃，騙取父親的祝福，害得他飽受舅舅欺凌，因此，利百加母子是迷途羔羊。

拉班利慾薰心，把外甥兼女婿當僕人使喚，坐享所得，他自以為是最佳導演，在上帝眼中同是迷途羔羊。

我們每個人多多少少總會迷失方向，《聖經》就是人生地圖。耶穌自比為好牧人，牧師（shepherd）的原意就是牧羊人，sheep正是羊。

20 天眼

當人們遇到可怕驚險，或是委屈不平之事時，往往會情不自禁呼叫：「天啊！」中國人心目中的天，其實正是上帝，創造宇宙的上帝，無所不在的上帝。拉班欺騙外甥雅各，談妥了雅各做滿了七年的工，他要把小女拉結嫁給他。結果偷偷換成了大女兒利亞，並且乘機要求雅各再做七年白工。

換了別人，這接下來的七年必然是怨天尤人、敷衍了事。雅各儘管心中氣惱，卻是認真勤奮，像是在為上帝做工，而不是為惡老闆賣命。凡此種種，上帝都看見了。

然後，拉班又與雅各講明，凡有斑點的羊以後歸雅各所有。拉班卻將斑點羊偷偷調離，使之無法繁衍後代。上帝的大眼睛一樣看得清清楚楚，任何人的起心動念，神全了然。

雅各在夢中得到神的指示，找來楊樹、杏樹、楓樹的嫩枝，剝下樹皮，露出白色斑紋，當健壯的羊在水中交配之時（羊在吃草時不會交配），他把斑點枝子插入水中，羊看見斑點，就像胎教一樣，生下斑點羊。倘若疲弱的羊在交配之時，雅各不插樹枝。很合乎遺傳學之道。如此這般，春去秋來，經過了辛勞的六年，雅各有許多的羊群、僕婢、駱駝與驢子。

這時，神在夢中告訴雅各：「你該回去了，回到你祖你父之地，放心，一路之上，我必與你同在。」

雅各是一個小心謹慎之人，正如同現代西方人喜歡在高爾夫球場談生意，免得隔牆有耳。雅各也打發人把他的兩個妻子利亞與拉結帶到田野羊群之中，對她們說：「神命我離開，趁著你們父親去剪羊毛，我們快走。」剪羊毛之地距家裡三天路程，拉班惟恐工人中飽，非得全程緊盯。

雅各為了拉結，曾經做了十四年的苦工，拉結決心拚死保護丈夫。拉結想起，父親拉班有一櫃子的各種小神像，如果偷了來，那麼既可以削弱父親的力量，這些小神小像應該各有神力，多少都能幫助他們的逃亡計畫。

主意既定，拉結用手按住緊張狂跳的心，迅速潛入拉班的房間之中，拉開櫃子，把大大小小所有神像，全部收入馱簍中。這個秘密，她沒有告訴任何人，包括她最親密的丈夫雅各。

第二天，雅各帶著全家妻小、牲畜、財物，浩浩蕩蕩地大搬家。隔了三日，有人告訴拉班，拉班大驚，率著眾奴僕追啊，狂趕了七天路程，眼看著在基列山要追上了。上帝在夢中警告拉班：「小心，不可威脅雅各。」

拉班嚇醒，周身發涼。因此，當他看到雅各之時，臉上堆滿假笑：「哎，你這個人也真是的，為什麼暗暗偷跑？也不讓我擊鼓唱歌，為你送行，真是愚蠢。還有，你為什麼又偷走了我的神像？」

拉班的神像用來敬拜與占卜，也代表繼承家業的憑據，他把神像看得極為重要。雅各明白，一個人應該敬拜創造天地的上帝，不需要膜拜人手之中造出的神像，所以，他斷然地說：「你去搜，你在哪裡搜出神像，那人就該死。」

拉班立刻搜了雅各、利亞與兩個使女的帳篷，最後前往拉結的帳篷。

拉結一屁股坐在駱駝的馱簍上，皺著眉頭對拉班說：「現在，我身上不方便，肚子好疼，站不起來。」又痛苦地挪著身體道：「對不起。」

拉結竟然用月經期間不方便為藉口，真是虧她想得到。兩河流域的人認為月經是不潔淨的，凡是沾到她或她的東西都是污穢的。拉班碰都不敢碰，屏住呼吸退出帳篷。

雅各氣惱地指責拉班：「你摸遍了我一切，搜出什麼來嗎？我為你的女兒服事你十四年，為你的羊服事你六年，你還改了我十次工價，我沒有吃過你一隻羊。羊被偷竊，羊被撕裂，都要我賠償。白天受盡乾熱，黑夜受盡寒霜，從來不得闔眼，若非神與我同在，你一定打發我空手而返。」雅各把二十年來的委屈全然傾洩而出。

拉班怏怏道：「在你眼前的羊群也罷，女兒也罷，孩子也罷，全是我的，我能說什麼？來，我們來立約。」

於是就把石頭堆聚起來作為立約的記號（古代中東人經常如此，日後有人懷疑該約，就可以指著柱子作證據）。

拉班說：「我們離別之後，你如果沒有好好待我兩個女兒，或是在我女兒之外，你又偷偷在外頭另娶女子，雖然沒有人知道，卻有神知道。你如果越過石堆來害我，神也作證，就是你祖父亞伯拉罕和我祖父拿鶴的神。」

拉班很厲害，他馬上用耶和華神堵雅各的路，雅各馬上答應，雙方起誓，在山上獻祭，拉班便與女兒外孫們道別。

就這樣，雅各騙了父親與長兄，拉班騙了雅各，拉結騙了拉班，形成了環環相扣的連環騙，誠如《聖經》所言：「人所行的，在自己眼中看為清潔，唯有耶和華衡量人心。」冥冥之中，天眼鑑察，在《聖經》中，「報應」這個字，一共出現七十五次之多。

21 抓緊祝福

中國人說：「一失足成千古恨。」的確，人生有時走錯一步，再回頭已百年身。然而，《聖經》之中許多人物，儘管曾經失足，卻靠著神的恩典翻身，雅各就是典型的例子。

雅各原是一外表優雅、內心貪婪之人，他的名字就是抓抓之意。他騙了雙胞胎哥哥以掃長子的名分，又騙了父親以撒對長子的祝福。為了逃避以掃的追殺，雅各投奔舅舅拉班，經過了二十年，靠著神的保佑，雅各得到大批財產，帶著妻兒掙脫拉班的掌握。

上帝命令雅各回到老家，他實在沒有臉面，也沒有膽子回去見哥哥，卻又神命難違。走到一半，遇見兩隊天使。於是，他為那地方取名為瑪哈念，就是二軍的意思。

這件事給了雅各靈感。他打發人去見以掃，說明雅各在拉班處寄居二十年，有牛有驢有僕婢，言下之意，他現今有產有業，不會再覬覦以掃長子的名分。

過了不久，下人回報：「我們到了你哥哥以掃那兒，他帶著四百人朝著這兒來。」想那以掃是何等孔武有力之人，何況再加上四百壯士。雅各心中沁出冷汗。他把所有人馬分作兩隊，以便以掃若攻擊一隊，另一隊可以逃避，此時，過去種種，如同影片一般飛快播映。他看到自己如何欺負捉弄憨直的哥哥，既卑鄙又醜陋，他跪下來祈禱：「神啊，我實在不配，謝謝祢的寬容慈愛，想當初，我只帶著一根枴杖過約旦河，如今卻有兩隊人馬、大批財物，全是祢所賜，求神保護我，讓以掃願意原諒我。」

當天夜晚，雅各在他財產之中，挑出上好的母山羊、母綿羊各二百隻、公山羊公綿羊各二十隻、小駱駝三十隻、母牛四十隻、公牛十隻、母驢二十匹、驢駒十匹，並且交代僕人：「你們要分成許多隊伍，每一隊之間的距離拉長一點。」這就像中國古代下聘禮，嗚哩嗚啦的陣仗愈長愈顯氣派，讓以掃一路看到送禮的誠意。同時雅各又叮嚀：「你們要說這是僕人雅各送給主人的厚禮，他自己也在後面。」

雅各苦心佈局，希望「用前頭的禮解以掃之恨，這樣，或者他可以容納我」。緊接著，雅各帶著兩個妻子、兩個使女、十一個兒子，來到雅博渡口，打發他們過了河，所有牲畜僕人也都過去了，只剩下他一個人。他要靜靜地想一想，四周空氣冰寒，他感覺到一場大災難洶湧而至，卻不知該如何應付。

此時，突然有一人殺出，用手抓住雅各的肩膀，試圖用力扳倒雅各。雅各二十年來，為了衛護羊群，常與野獸搏鬥，反應敏捷，身強力壯，練就鐵臂功夫。因此，雅各只微微向後退一步，立刻雙肘向上，拉開那人的雙手。

然後，雅各抱住那人的右臂，想要摔倒他。那人也身手不凡，右腳一伸，想要絆倒雅各，兩人一來一往，互不相讓，從黑夜纏鬥到黎明，那人說：「我要走了。」

「不行，你不給我祝福，我就不讓你走。」

那人說：「你叫什麼名字？」

「我叫雅各。」

「從現在起，你不要再叫雅各，因為你與神與人較力，你都贏了，你要改名為以色列。」

雅各驚訝得說不出話來，對那人說：「請問大名？」

那人說：「何必問我名？」於是為雅各祝福。雅各把那地方取名為「毗努伊勒」，意思是我面對面見了神，我的性命仍得保全。

雅各經過二十年，這才回到家，他終於清楚認識神是自己的神，而並不只是祖父、父親的神。「以色列」一字表示「願由神管理」。不久，太陽升起，雅各離開了毗努伊勒，突然發現腳竟然瘸了，原來天使摸了一下雅各的大腿，留下了紀念。

渡過雅博河，屏息的那一刻終於來臨。雅各把家小分成三批，他自己迎上去，面對以掃，跛著腿，一連七次，俯伏在地，方才接近這雙胞胎的哥哥。

以掃原就是沒心機的傻大個兒，看到原先自以為聰明，向來沒把哥哥放在眼中的弟弟變成這樣，心中一酸，摟著雅各頻頻親嘴，兄弟們大哭一場。以掃問：「這些與你同行的是誰？」

「這是神賜給你僕人雅各的。」雅各隨即命妻小一一下拜，好一個「昔別君未婚，兒女忽成行」的畫面。

「那這麼多牲畜是什麼意思？」

「送給我主人的。」

「我的夠了，你的仍歸你。」

雅各不依：「不行，你非收下不可，因為我看到你的臉，彷彿看到神的面。」的確如此，多少次午夜夢回，總是以掃怒氣沖天來索命。如今滿面慈愛，這不是神恩是什麼？天大冤仇就此冰釋。

《聖經》裡面，上帝常說：「我是亞伯拉罕、以撒、雅各的神。」猶太人後來也用以色列為國名，正因為他不完美（誰敢說自己沒犯過錯？），知道在神在人面前認錯，神又給他一條生路。因此，猶太人最認同雅各。

由於雅各經過毗努伊勒，他的大腿就瘸了，因此猶太人迄今不吃大腿窩的筋，甚且牛的下半身，包括牛腰、牛小排、牛丁骨都不吃。猶太人欣賞雅各鍥而不捨，想要的非要得到的決心，也記取他不擇手段的報應，更希望與雅各一般抓住神的祝福，所以在飲食習慣中不斷提醒自己。

22 豪門聯姻

豪門聯姻一向是人們感興趣的題材，因為這不但牽涉到男女雙方的感情，更代表背後家族勢力的整合。

當雅各衣錦榮歸之時，也算得上是豪門了。他以謙卑誠懇的姿態，與哥哥以掃化解了二十年的冤仇。以掃邀請他同住，雅各堅持不肯，這是他聰明之處，和睦而不同居，保持距離以策安全也。

然後，雅各到了迦南地的示劍，大手筆地花了一百兩銀子，向地主哈抹買了塊地支搭帳篷。

雅各與許多富豪一般，家族成員複雜，他有二妻二妾，一共生了十一個兒子，另外，妻子利亞又為他生了一女底拿。

底拿遺傳了爸爸雅各俊美的容貌，一生下來就討人歡喜，她上有十個哥哥，下有一個弟約瑟，得到全家的寵愛。

時光過得飛快，不一會兒小公主已是十四、五歲的美少女，個性活潑開朗，因為家中全是男生，她經常跑出去，與同年齡的迦南女孩玩耍，她可愛的臉頰亮亮晶晶、甜甜蜜蜜，彷彿鮮美的紅蘋果，讓人想要啃一口。

地主哈抹的兒子示劍（《聖經》中許多名稱又是地名又是人名，示劍是希伯來文肩膀之意），乃是豪門第二代，他注意到這個小蘋果許久了，朝思暮想，無法自已。有一天，突然衝動起來，趁著底拿落單，把她拉到僻靜處姦污了。

底拿又氣又惱又羞又恨，幽幽怨怨不斷掉眼淚，示劍用手指擦拭著淚珠，良心發現，萬分不忍道：「對不起，但是我一定負責任，我會娶你，好好愛護你。」

小蘋果其實仍是個孩子，根本不知道該怎麼辦，望著因掙扎撕破的衣服，「哇！」地又大哭起來：「這樣子怎麼回家？」

「那你就不要回家，乾脆回我家。」示劍到底是任性的豪門後代，他立刻就把底拿帶回家，然後跑去見爸爸哈抹，認真地說：「父親啊，求你為我娶底拿當媳婦。」

哈抹對兒子向來百依百順，大錯既已鑄成，當然成婚是最好的辦法，做父親的只好去收拾爛攤子。

哈抹一五一十對雅各報告經過，雅各氣得心中如油煎火滾，想當初他與拉結愛得死去活來，整整七年眉目傳情，從來不敢親暱放任，因為猶太人與中國人一般，堅信萬惡淫為首，這個小子未免太張狂了。

然而數十年的歷練，讓雅各養成「快快地聽，慢慢地說，慢慢地發怒」的自律習慣，他只說了一句：「等我孩子們放牧回來再講。」就嘴巴緊閉。

雅各的兒子們聽說妹妹出了事，急急趕回來，十個大漢，一字排開。

哈抹連連道歉，並且提出補救方案：「希望我兒示劍可娶底拿為妻，以後我們之間可互相通婚，你們也可在此做買賣發展事業。」

肇事的示劍也趕了來，再三表示：「但願我在你們眼前蒙恩，你們要什麼，我全給，不論多少聘金禮物都成，只要讓我娶底拿。」富家大少果然出手闊綽。

雅各的兒子們，早在回家的路上商量好了，他們的回答是：「我們的妹妹不可與未受割禮的人結婚，這會是我們的羞辱。如果你們所有男丁都受割禮，我們就答應，否則現在就要把底拿帶回來。」

哈抹父子鬆了一口氣，沒想到這麼簡單就談妥婚事。

於是，他們與匆匆來到城門口（這是當時城市中議會，或是審判人的地方），對大眾說：「如果我們也受割禮，以後雅各的神也保佑我們，雙方且可通婚，他們的財產也成為我們的財產，雙方和睦相處，豈不甚妙？」

眾人都覺得有理，況且哈抹父子向來受到敬重，不能不賣他們一個帳，於是凡經過城門的男子都勇敢地接受割禮。割禮是把包皮整圈割去，鮮血直流、痛到不能呼吸，尤其到了第三天，坐也不是、站也不是，全身燒燒辣辣，簡直動彈不得。

底拿被姦淫之後，原先痛不欲生，後來看到示劍一片誠意，不但自己接受割禮，連他父親、全城的男子都為了她接受割禮，心中也十分感動。

不料，割禮之後第三天，她的同父同母的哥哥——西緬與利未拿著劍，趁著眾人傷口未癒之時，來到城中，把所有男丁殺個精光。

緊接著，兄弟倆闖入，西緬一刀刺入哈抹的胸口之中，利未一劍正中示劍的喉嚨，抓住底拿拎回家中，雅各其他兒子擄掠全城，把羊群、牛群、驢子、所有貨財、孩子、婦女全部搶劫一空。

原來，西緬、利未利用答應聯姻為圈套，其實是要趁其傷口滴血之時，復仇雪恥，打家劫舍。

上帝規定，猶太人以外的人（稱之為外邦人），若是願意敬拜上帝，遵守上帝的規定，神也祝福他們。割禮原是神人之間的記號，目的是讓人激發仁愛的信心，豈可用為釣餌。

雅各沉痛萬分，他責問道：「你們這不是連累我，讓我們在這兒有臭名嗎？」西緬、利未卻振振有詞回嘴：「他們豈可把我妹妹當妓女？」

於是，底拿盼望的豪門聯姻，竟然淪為滅門血案。

23 養「老」防「兒」

雅各聰明絕頂，雖說知子莫若父，雅各完全看不出這是一齣戲。儘管他曾經狡詐，卻從來不兇暴，因此，一陣陣心悸震撼全身。

十個兒子對於殺害無辜毫無悔意，眼中噴射出貪婪的眼光，亢奮地數點財物。他們究竟真的是為報妹仇，還是藉機殺人劫舍？

「你們為什麼事先不和我商量？」雅各責問道。

兒子們表情木然，雅各除了生氣，還有遭兒子背叛的傷心。

「那麼，這些居民不報復嗎？我們拿什麼去對抗？」

兄弟們面面相覷，露出一臉「我們沒想那麼多」的茫然，帶頭的西緬、利未二人仍然強嘴：「誰要示劍把我們妹妹當妓女。」

雅各對兒子們瞻前不顧後的魯莽失望極了，彷彿整個天都要塌下來了，他潰坐於地，吞下的熱淚燙燒心肺。

這時，神的聲音出現了：「起來，到伯特利去，住在那裡。」是的，想當初，雅各曾經欺騙父親以及哥哥以掃，以掃氣得要殺他，雅各逃到了伯特利，向神呼求：「如果以後神要帶我回到父親身邊，我一定以耶和華為神。」

後來，神果然幫助雅各安然歸來，雅各卻在平順之時忘掉了所許的願。這一回，他憶起神的恩典，於是他下達命令：「快，你們趕快除掉外邪神，洗淨身體，更換衣裳，和我上伯特利去。」

造物主創造世界，也造了人。人卻根據自己的想像力，又製造出許多神明，這些神明也有靈力，卻也會把人帶到錯誤的價值觀念。而神是忌邪的，祂要求人們內心乾淨，外表整潔。

雅各的愛妻拉結在逃難之時，竊取了父親拉班許多小神像，放在筐子裡，謊稱月經來潮，自己坐在上面，躲過了父親的搜索（可見泥菩薩過江，自身難保），現在也都繳了出來。

「還有，別忘了你們耳朵上的環子。」原來，兩河流域的人敬拜月神，戴上耳環表示尊崇，雅各的眾子也有樣學樣。

雅各把這一切的東西，全部葬在示劍城橡樹底下。非常奇異地，當地人就因神能介入，心中驚懼，不敢追趕雅各眾子。於是，雅各全家到了伯特利，築了一座壇獻給神。

許多年之後，雅各又遭遇到刻骨銘心的兒子背叛。他與一般父親相同，對長子有特別的感情，因為這是他第一次當爸爸，流便是他的長子。

流便是利亞所生，利亞的妹妹拉結，原是雅各的心上人，父親拉班設計掉包，讓利亞、拉結兩姐妹一起嫁給雅各，姐妹成為情敵，互相嫉妒，彼此仇恨。

利亞得不到丈夫的歡喜，企圖用不斷生子，挽回丈夫的情愛，流便長大了，也加入母親這一邊，到田裡採集風茄（一種壯陽的植物），增加受孕的機會，希望能讓母親多多拉攏父親。

流便原是身強力壯的猛男，採了風茄送給母親，焉有自己不好奇、不嚐鮮之理，誠如孔夫子所言：「少之時，血氣未定，戒之在色。」

吃了風茄，好像熱水瓶中燒開的水，再度按下「沸騰」的鍵，他看上的是父親的小妾辟拉。

拉結本是絕色美女，辟拉是她的婢女，用來對抗利亞的武器，也是個不折不扣的小美人兒，流便看到她就流口水。

後來雅各與辟拉生了兩個兒子，辟拉成為豔麗熟女，流便三兩下就把她勾搭上了，而且同寢共眠。

有人告訴雅各這件亂倫的事，雅各觀察這兩人親密的小動作，果然不尋常，一種又羞又辱的感覺，瀰漫全身。大家都說女子善妒，其實女人嫉妒，頂多自殺，男人戴了綠帽子，會想殺人。

雅各回憶底拿受辱之時，十個兒子群情憤慨（當然包括老大流便），口口聲聲嚷嚷：「豈可把我妹子當妓女。」以致滅城洩憤，那麼做老爸的，是不是也該殺人出口鳥氣！偏偏姦夫是長子，淫婦也生了兩個兒子，雅各幾乎氣絕。

中國古代隋朝的開國君主隋文帝，乃是何等厲害角色，也栽在兒子楊廣手中，楊廣原是次子，設下計謀，害得父親廢去太子楊勇。

等到文帝年老體衰，臥病在榻，楊廣垂涎文帝寵妃宣華夫人，趁著美人更衣，一撲而上，宣華夫人嚇得逃到文帝牀前哭訴，文帝大怒，想要廢去楊廣。不久，文帝暴卒，楊廣即位，是為隋煬帝。

中國人說家賊難防，《聖經》中說：「人的敵人在自己家裡。」養兒防老是為父的期望，養老防兒卻是古今中外共同的悲哀。幸而雅各心中有神，他還是撐住了。

24 雅各的愛情

「對酒當歌，人生幾何？譬如朝露，去日苦多。」一個人到底能活多長？這永遠是個謎，也是人們熱中於算命的原因。

雅各的父親以撒垂垂老矣，自以為將不久於人世，急著立遺言。雅各受到母親利百加的慫恿，冒充哥哥以掃，騙過了瞎眼的父親，惹怒了以掃，雅各倉皇逃命。流浪二十年之後，在上帝的保佑之下，回到故土。

讓人想像不到的是，當年眼看就要歸天的父親依然健在，母親卻因懊惱一時衝動，害得愛子離家，事發之後不久鬱鬱以終，反倒是母親的奶媽底波拉硬朗如昔。

底波拉摟緊雅各，雅各把頭埋在底波拉的腿上，底波拉摸著雅各的頭，好像雅各還是個小男孩一般，喃喃地反覆訴說：「你媽媽最愛你了，你和你媽，都是我帶大的。」雅各在底波拉的懷中，嗅到了母親的溫暖，他也後悔連連，如果當時沒有接受利百加的餿主意，說不定母子依然情深意濃。

一晃之間，許多年又過去了。

這一回，雅各受到兒子們的牽累，十個兒子因為女兒底拿的原故，竟然報仇屠城，雅各急著到伯特利築壇獻給神。底波拉愛雅各，見到雅各遭兒子背叛，她心裡比雅各更痛，盛怒之下，居然氣死了。

雅各真是傷心，哀哀戚戚把底波拉葬在伯特利橡樹底下，取名為亞倫巴古，意思是悲泣的橡樹。

此時，神再次顯現，對他祝福：「你以後不要再叫雅各，要叫以色列。我是全能的神，我所賜給亞伯拉罕、以撒的地，我要賜給你的後裔。」以前雅各與天使摔角之時，天使也說過同樣的話，於是，雅各正式改名為以色列。

神說完就升了天，雅各在那兒立了一根石柱，在石柱上奠酒澆油，將那個地方取名為伯特利，意思是神的殿，曾經幫助過他的地方，神不是住在某地某殿之中，神是無所不在的。

雅各對神有說不出的感激，然而，耶和華神並不是廟中「有求必應」的神，否則人不會成長，也不需要為自己犯過的錯付代價。

雅各一路之上，最為擔心的，就是拉結的身體，她一向孱弱，又懷孕了。

雅各與《紅樓夢》中的賈寶玉一般，洞房之夜被掉包，拉結竟然換成了利亞，後來被迫又娶了二妾。

雅各的名字是抓取，他一生也在抓抓抓，有許多不光明磊落的事，但他對拉結卻是絕對的專情，與寶玉大不相同。

賈寶玉自戀多情，見一個愛一個，凡是女人都是水做的，因此無不鍾情憐惜，氣得黛玉垂淚漣漣。寶玉不懈怠地投降輸誠，然後又不止息地到處偷吃口紅，胡纏廝混，樂此不疲。最後，黛玉身亡，寶玉出家。

真正忠實的愛情包括身體與精神，利亞一共生了六個兒子，一個女兒，其他二妾也各生了兩個兒子。

每個兒子都是心向親生的母親，拉結只生了一個兒子約瑟，因此她的靈魂永遠處在驚慌緊張之中，充滿了不安全感。所以才會偷取父親的小神小像。

距離拉結生第一子，中間隔了十七年才又懷孕，拉結高興極了，雅各卻擔憂得不得了。拉結身子恍蕩，臉色雪白，彷彿風中之燭。

雅各想起，當初岳父搜查神像時，他萬萬沒有料想到會是拉結偷取的，因此曾經下了毒咒：「神像是誰偷的，就不容誰活著。」言語是有力量的，一種不祥之感侵襲而來。

這時，整個隊伍離開伯特利，還有一段路才到以法他，拉結撐不住了，所有人馬停擺，她肚子開始抽痛，接生婆一旁待命，不斷擦拭拉結的汗珠。

「啊……」拉結用盡全身力量嘶吼，微弱的聲音似乎一縷幽魂在暗夜響起，接生婆讚歎：「恭喜，生下一個小男嬰。」

拉結勉強抬起無力的眼皮，想到自己即將走到命運的終了，虛弱地說了遺言：「這孩子可憐，取名為便俄尼（意思是悲哀傷痛）。」便撒手人寰。

雅各不敢相信，他為她做了十四年白工，時時刻刻捧在心上的愛妻，就這麼離開了，雅各惘然地把拉結葬在以法他路旁。

一直到三十年之後，雅各仍為沒把她葬在希伯崙祖墳而感到遺憾，他沒有叫囂咆哮，也沒有嘀咕抱怨神為何不救拉結，人永遠沒法了解發生在生命中的每一件事。他只有選擇，繼續信靠上帝。

幸虧雅各有上帝，他勇敢地再站起來，將便俄尼的名字改為「便雅憫」（意思是我的幸運兒，我的右手臂）。

拉結的死，是雅各最深沉的悲哀，在《聖經》之中，也用拉結的死亡代表悲傷，例如耶穌誕生前五八六年，猶太人被擄到巴比倫。又例如耶穌誕生之時，希律王下令殺光兩歲以下的男嬰，《聖經》都用「拉結在墳內哀哭」來形容。

在西方，許多女子取名為拉結。拉結葬在以法他，就是伯利恆，也正是耶穌誕生之地，每年吸引無數的觀光客前往憑弔（今日的拉結之墓，建於主後第四世紀）。

25 猶大召妓

在中國古代傳統觀念中，寡婦再嫁是個羞恥，所謂「餓死事小，失節事人」。然而在《聖經》之中，卻有一段完全不一樣的故事。

雅各第四子猶大，育有三子：珥、俄南和示拉。

長子珥長大成人，猶大為珥娶了一妻，名叫他瑪，是個迦南女子，姿色非凡。

由於珥品行不端，作惡不斷，行耶和華眼中看為惡的事，耶和華就讓他死掉了。（當然，這不表示早死的全是神的處罰。）

猶大對老二俄南說：「來，你當與嫂嫂成婚，好為你哥哥留一個後代。」

俄南表面答應說：「我做弟弟的義不容辭。」內心卻覺得委屈萬分，若是他與他瑪生了兒子，這個兒子屬於哥哥，繼承長子名分，且得雙倍遺產。萬一他瑪生不出兒子，這個好處就順理成章落在俄南身上，他可不想當精子銀行。

於是，每當他瑪滿懷熱情迎向他，俄南就冷冷地把她推開，俄南絕對避免與她有肌膚之親。俄南陽奉陰違的詭計，耶和華神看得一清二楚，於是，神也讓俄南暴斃。

一下子死了兩個兒子，猶大真是心驚膽寒，嚇壞了。他不知道這是神的處罰，只覺得他瑪渾身充滿不祥氣息，已經連剋二子，剩下唯一的一個兒子，千萬不能與他瑪接近。因此，猶大擺出做公公的威嚴，正色告訴他瑪：「你暫且回到你父親家中守寡，等到示拉長大，你們再成親不遲。」

他瑪沒可奈何，只好回到娘家。

雖然珥不是個好丈夫，他瑪卻一心想為他留後，痴痴地等了一年又一年，老三示拉終於長大，猶大卻始終沒有通知他瑪回去。他瑪黯然。

又過了一段漫長的歲月，猶大的妻子，他瑪的婆婆去世了。等到喪期之後，猶大就與他的好友，杜蘭人希拉一塊兒去剪羊毛。中東地區的畜牧民族，剪羊毛如同農民收割禾田，是一個重要的節慶，彷彿舉行嘉年華會。

猶大在前往亭拿路上的城門口，看到一個搔首弄姿的廟妓，心中怦然一動，趨上前去，低聲招呼：「來吧。」

所謂廟妓，說來荒唐，迦南地區崇拜亞斯他錄女神，前來朝拜的男子，要與廟中女妓交合，並且在過程之中，廟妓蒙著臉部，用衣服遮蓋身體，好讓男子幻想是與女神燕好。據說，如此則能刺激男神巴力的性慾，與女神交合，帶來豐饒。這般充滿遐思的宗教，男人很難抵擋，也是耶和華神所厭惡的。

猶大卻剛好抓住這一點，他心忖出門在外，族人也看不見，趁此機會放鬆一下吧。

廟妓軟媚地答應：「好啊，你開多少價錢？」

「我挑一隻上好的羊羔給你。」

「沒看到羊啊，先留一個當頭（抵押品）吧。」

猶大樂滋滋笑說：「你要什麼當頭？」

「就你的印章、繫印章的繩子，還有你的枴杖。」

猶大色迷心竅，當場一一交給她。於是二人來到一幽暗小屋，廟妓蒙頭蓋臉，纏綿一夜，猶大盡興而去。

回去之後，猶大立刻挑了一隻羊，拜託好友希拉，贖回當頭。

希拉來回找了半天，找不著廟妓，當地人說：「這個地方從來沒有廟妓攔客。」

希拉空手而返，猶大說：「隨她去，反正丟的也是不值錢的東西。」他抓著希拉的袖子說：「不過這事，你可別對任何人提起。」

三個月之後，有人通報猶大：「你媳婦當了妓女，還懷了身孕。」在名義上，他瑪仍是示拉的未婚妻，因此，猶大暴怒，這真是家門不幸，他瑪惹的麻煩還不夠多嗎？他扯開嗓子道：「把這個賤女人，拖出來燒掉。」

眾人七手八腳到了他瑪娘家，一看之下，他瑪小腹微隆，顯然所言不假。

他瑪倒是氣定神閒道：「請先把我公公找來，我有幾件東西讓他認一認。」

猶大怒氣沖天趕過來，他瑪說：「我是淫婦，姦夫就是這幾件東西的主人。」

猶大看著自己的印章、帶子，以及平常慣用的枴杖，差一點當場腦溢血，他知道賴不掉，也知道他瑪平日是個潔身自好的賢德女子，因此低下頭慚愧地說道：「他瑪比我有義，我本該讓她與示拉成親的。」於是，猶大在神面前認罪悔改，把他瑪帶回家，並且保持公公與媳婦該有的距離。

產期到了，分娩之時，居然是雙胞胎，一隻小手先伸出來，接生婆用紅線綁在他手上，自言自語說：「這是老大。」話還沒有說完，小手縮了回去，另一嬰兒搶先出來，接生婆拍拍他的小屁股說：「幹什麼要搶？」所以老大換人，取名為法勒斯，意思是衝破，被擠到後面的變成弟弟，取名謝拉，意思是鮮紅。

猶大出事的地點亭拿，原意是約束。猶大一時軟弱，終身蒙羞。然而，猶大召妓，他瑪指控，猶大坦然認罪，在神在人前懺悔，並且從此不再與他瑪接近，也是個正面的榜樣。因此，後來猶大支派處領導地位，耶穌在名義上也是猶大的後裔。

26 純真年代

美國的電影圈流行一句話：千萬不要與小孩或是寵物一塊演戲，因為他們會搶盡一切光芒。

的確如此，既聰明又漂亮的孩子，就像是得人疼的寵物，必然是父母的驕傲、得意的產品。

拉結千求萬盼多少年，終於生下約瑟，當嬰兒的父親雅各聽到響亮的哭聲，跑入帳篷，看到小娃娃的眼睛，全身觸電道：「拉結，他有一對與你一模一樣的眼睛，好美。」

拉結的眸子漆黑明亮，如海之汪洋，清澈有神，當初雅各就因此一見鍾情。

拉結愛憐地望著懷中可愛的小貝比道：「瞧，他有一個與你一般堅毅的下巴。」

夫妻們都在約瑟身上看到自己的優點，誰能抗拒一個與自己相像的小東西呢？他是如此粉嫩有趣，又是雅各老年得子，男人通常在年輕之時，忙於事業，不會把心思放在小孩身上的。

約瑟生下來第八天，雅各按照規矩為他行了割禮，飽嘗人生艱辛的雅各喃喃道：「神啊，我把孩子交給祢了。」

約瑟一天天長大，聰明伶俐，乖巧又聽話，是一個標標準準的模範生，父母親疼愛異常。

雅各經常摟著拉結道：「我從來不掩飾對你的愛。」同樣的，他也從不掩飾對約瑟的偏愛，這件事讓約瑟十個同父異母的哥哥心酸難忍。

當雅各準備回老家，向哥哥以掃低頭認罪之時，雅各把孩子們聚攏，分成四個隊伍。

兄弟們互相耳語：「你們看著好了，爸爸一定把他的心肝寶貝擺在最後面。」果不其然，雅各下令：「快，辟拉與悉帕分別帶著孩子在前頭，利亞帶著小孩在後面，拉結帶著約瑟排在最後面。」說著，雅各又用手捏了一下約瑟紅撲撲的小臉蛋。

然後，雅各瘸著腿打先鋒，七次下跪，懇求以掃原諒。在這做爸爸的自己看來，他為全家人犧牲奉獻，要死他先死，完全負起一家之主的責任，況且拉結弱約瑟小，保護老弱婦孺天經地義。可是，在孩子們的角度，這就是明顯的不公平，這一副逃難的畫面，他們牢牢地烙在心上。

雅各看到傻大個兒的以掃，過得平靜安好，並沒有策謀報復計畫，反倒是回想自幼年起，不時算計如何竊取長子名分，既卑鄙又狡猾，假冒以掃的東窗事發之後，逃亡二十年，日日夜夜擔心恐懼，上帝放在人身上的良心，實在是最沉重的負擔啊！

因此，已經被神改名為以色列的雅各，再也不敢凡事憑著感覺走，他努力做到謹言慎行，並且暗暗下了一個決定，他絕不要約瑟重蹈當年的覆轍。這孩子優秀出眾，外貌俊美，樣樣吸引人，要小心再小心，免得聰明反被聰明誤。雅各以身作則教養孩子：「無論在任何狀況之下，一定要行耶和華眼中看為正的事。」

「是的，爸爸。」約瑟手裡抱著一隻小綿羊，充滿愛心撫摸著羊毛，人與羊都是如此潔白純美，惹人喜愛。

由於拉結身體孱弱，約瑟一如雅各小時候，經常跟在媽媽身邊打轉，眼中流露出心疼的眼光，拉結好感動，總是把約瑟摟在懷裡，深情地說：「你真是媽媽最愛的小寶貝。」約瑟香著媽媽美麗的臉龐，望著一旁含笑注視的父親，覺得十分甜蜜。

約瑟在自由開明、正面鼓勵的環境之中長大，他被愛，也愛人，包括愛他十個年長的哥哥。這些哥哥分屬三個母親所生，卻同一鼻孔出氣，都對約瑟的得寵嫉妒萬分。天真的約瑟絲毫未察覺，只當哥哥嫌他年幼，他依舊哥哥、哥哥喊個不停，小男生原本就崇拜壯漢兄長。

可是當約瑟漸漸長大，他發現哥哥們品行不端，做了有違父親教誨之事，他馬上嚷嚷：「這不行，不行。」哥哥們回頭瞪他：「小鬼，滾開！」

約瑟急忙忙回去稟報雅各，雅各旋風一般趕過來，重重處罰眾兄弟，約瑟以家風為念，他深愛哥哥，希望他們別惹神怒，全是一片好心。同樣的連續劇上演多回之後，只有雅各二妾之子願意與約瑟說話，其他兒子們根本不理會約瑟。

後來，雅各唯一女兒、約瑟姐姐底拿被污辱，兄弟們佯作答應婚事，暗中決定殺人掠財，西緬對利未說：「可千萬別讓約瑟知道，他最會打小報告，討賞賣乖。」

「哼，自以為是的討厭東西。」

十個哥哥們只要遠遠看見約瑟，立刻互相使一個眼色，馬上閉口不言。大凡人在做壞事之時，心思特別細密，他們演技精湛，騙過了父親雅各，成功地完成屠城計畫，也「成功」地釀下巨禍，毀了底拿的終身幸福。

「底拿，不要哭。」約瑟用手擦乾了姐姐的眼淚，看到父親傷心，全家陷入危機，約瑟懊惱這一回，他沒有事先發現，通報父親。

約瑟從小就有道德勇氣，敢講真話，《聖經》裡面耶穌說，人若不回到小時候孩子的樣子，不能到天國裡去。天國是永恆的純真年代啊！

27

彩衣娛親

初生之犢不畏虎，一來是無知，更重要的是父母嚴密保護。就像是約瑟，約瑟是雅各與拉結的愛子，倍受寵愛。

約瑟十個同父異母的哥哥，對他充滿嫉妒，虎視眈眈，約瑟完全不在意。

孔子說：「君子坦蕩蕩。」約瑟這個小君子，心無城府，充滿熱情，無不可告人者也。

有一天，約瑟作了一個異夢，他急於找人傾訴，就跑去告訴哥哥們說：「我作了一個夢，你們都向我下拜。」

「什麼？」哥哥們一起咆哮。

西緬掄起了拳頭，氣憤地說：「難不成你要做我們的王，你真要管我們嗎？」

過了幾天，一向知無不言、言無不盡的約瑟繼續作了一夢，又興高采烈地描述夢境。

這些哥哥認為約瑟得意忘形，欠揍，一狀告到父親那兒。

雅各慈愛地問約瑟：「聽說你作了一個奇怪的夢，說來聽聽。」

約瑟滔滔不絕地回話：「我夢到黃昏時刻，晚霞紅紅的，大家一起在田裡捆禾稼，每個人都將捆禾豎立著，突然之間，砰的一聲，流便的麥禾倒了，向我的麥禾下拜，我正覺得驚奇，接著，西緬的麥禾，利未、猶大、西布倫、以薩迦、但、迦得、亞設、拿弗他利的禾捆圍成一圈，全部向我的麥禾下拜。」

每當約瑟唸出一個哥哥的名字，這個哥哥的臉就綠了，最後全部同仇敵愾。

雅各追問：「後來，你又作了一夢更特別。」

「是啊，我夢到太陽、月亮、星星，十一個星星全向我下拜。」

這未免太狂妄了，雅各也生氣了，責備他道：「噢，難道我和你母親、你哥哥也都向你下拜嗎？」

約瑟認真無比地說：「是啊。」

年少的約瑟不明白孔子所言「時然後言，人不厭其言」的道理，他過分坦率，傷人而不自覺。

雅各知子莫若父，他了解約瑟是實話實說、心直口快，所以雅各暗自思量，莫非這真是上帝的心意？

後來，當約瑟十七歲之時，拉結去世，突然猛襲的打擊，讓雅各幾乎支撐不住，約瑟幫忙照料剛出生的便雅憫，父子相擁哭泣，彼此安慰，雅各傾訴他對拉結的愛情，約瑟追思母愛的珍貴，彼此安慰。雅各除了拉結，一輩子沒有知心的朋友，父子對坐，心意默默交流，竟生惺惺相惜之感。

或許是想沖淡心中喪妻之哀痛吧，有一天，雅各望著褲直袖短、全身髒垢的約瑟，突發奇想，他要為忠心的兒子打扮一番，做一件具有王者風範的彩衣。

所謂彩衣，並不是花花綠綠、五顏六色的大棉被，照希伯來原文，乃是一件寬鬆的長袍，且在下襬用金線滾製美麗的花紋，通常穿長袖代表監工，短袖意味勞動，如此講究的精品，只有在埃及王室之中，養尊處優的王公貴族才能穿著。

雅各說做就做，不一會兒，他請人縫製了一襲他心目中完美的衣裳，做父親的，總想在孩子身上，完成自己沒有達成的心願。

「來，我兒，快換上新衣。」

約瑟本來俊美脫俗，穿上為他打造的新袍，身長玉立，瀟洒飄逸，一旋身，下襬起舞，彷彿張翅而立的孔雀開屏。

約瑟回頭，對著雅各一笑，雅各看到約瑟慧黠靈活的雙眼，又好像見到了拉結，他張開雙臂，柔情呼喚：「我的小王子。」

約瑟衣袂飄飄迎向父親，雅各拿起約瑟的手，貼緊自己的臉頰，約瑟摸到父親的臉濕濕的，他感受到哥哥們燒辣辣的眼光，但是，他更不忍拂逆老父的一番好意，約瑟也用力地抱緊父親。

在中國古代二十四孝之中，也有一段著名的彩衣娛親的故事：

春秋時代，有一楚人，名叫老萊子，因避世亂，隱居在蒙山之下耕種，楚王聽說他的賢能，想要延攬他輔佐天下，老萊子不願意接受，遷居江南。

老萊子至為孝順，到了七十歲之時，經常穿著一襲五彩衣服扮成小嬰兒需要被保護的模樣，拚命裝可愛，不斷向父母撒嬌，逗得兩老咯咯笑個不停。

做父母的，都捨不得孩子們太快長大，希望孩子永遠停留在天真爛漫的階段，所以老萊子成為孝親的榜樣。

杜甫有詩云：「兵戈不見老萊衣，歎息人間萬事非。」

無論約瑟的彩衣，老萊子的彩衣，都並不是自己多麼愛穿上彩衣，而是為了娛親，博父母一粲。

28 約瑟遭難

雅各前十個兒子都聲名狼藉，聯合起來做了不少壞事。雅各當著面，也會絮絮叨叨唸個不停。然而，當兒子不在身旁之時，他又會思念，又會記掛。

這一回，十個兄弟去示劍放羊去了，只留下約瑟和他的小弟便雅憫在家。想當初，眾子曾經合夥闖入示劍地盤，屠城擄掠，當地人恨之入骨，因此，雅各內心惴惴不安，老覺得有什麼危險將要發生。

雅各把約瑟喚來，對他說：「你去示劍探一探，看看你哥哥們是不是平平安安，我有點不放心。」

歷盡人事滄桑的雅各，非常清楚十個兒子討厭約瑟、嫉妒約瑟，他心中思忖，如果你們與約瑟一般，聽話正直，我這個做爸爸的，不曉得有多開心。

不過，既然約瑟是乖孩子，父親很自然地，用更高的標準要求約瑟：「孩子，你是我年紀大的時候才生的，又是拉結生的，不免多疼愛你一些。無論如何，他們都是你的兄長，你總要設法拉攏彼此的關係。」

「是的。」約瑟一向乖順純良，他穿著父親為他訂製的長袍，吻別雅各，離開了希伯崙找哥哥去。一路之上，避開了野獸的侵襲、沼澤的危險，到了示劍，卻不見哥哥的影子。

他走著走著，在田野裡迷了路，有好心人發現這個俊美青年，問他說：「你在找什麼？」

「我在尋找我哥哥啊。」

約瑟把哥哥們的模樣描述一番，好心人告訴約瑟：「噢，他們走啦，我聽說他們要去多坍。」

約瑟謝過了好心人，連奔帶跑趕到多坍，遠遠望見兄長，興奮地搖手大喊大叫：「哥哥！」

哥哥們回頭一望，拉長了臉，彼此埋怨著。

「天啊，監工又來了，看到了嗎？他穿長袖，你我穿短袖。」

「還記得這個小子的怪夢嗎？他夢見我們全向他下跪。」

不知是誰，突然心生毒計：「不如我們把約瑟給殺了，扔在坑裡，看他如何耀武揚威。」

「好啊。」當一人起了惡念，滿佈天空的撒但的靈迅速攫獲大家的心。

流便到底是長子，他出面阻止弟弟們的胡鬧，又得平服眾怒，因此出了一個主意：「別殺他，把約瑟扔到坑裡，讓他自生自滅也就是了。」（根據考古學家們的發現，以色列古代水源不足，往往挖鑿深達三十米的貯水池。）流便的想法是，到了晚上，他再悄悄地把約瑟救上來，交還父親。

眾人正在商議之間，不知大禍臨頭的約瑟揮著汗，笑咪咪地趕來了，冷不防頭上挨了一拳，腰上又吃了一記，他痛苦哎哼跌倒在地，眾人一起剝了那件漂亮的外袍，啐了一口，抬起約瑟，約瑟一直叫喊：「不要，不要！」他們一下子就把約瑟扔入坑中，像是倒垃圾一般，一洩心中嫉妒之恨。

約瑟昏了過去，過了好一會兒，他張開眼睛，原先還巴望是哥哥們的惡作劇，等了又等，毫無動靜，約瑟慌了急了，開始高喊：「流便救我！」「西緬拉我上來！」

約瑟聲聲呼喚，他喊得喉嚨發啞，也沒有回應，約瑟傷心得哭了，爸爸原是好心好意要他來探望兄長，他也滿懷熱情關心哥哥們的安危，怎麼事情會演變成這個樣子？

「我本將心托明月，奈何明月照溝渠」，他感到前所未有的恐懼，以及前所未有的孤單。

「不，不！」約瑟想到白髮蒼蒼的父親，正在倚門望兒歸，他心一緊，也在一瞬之間，約瑟長大了，明白人間險惡。他努力讓自己安靜下來，回想小時候雅各講過許多上帝的神蹟，約瑟從小跟著雅各禱告，此時此刻，父親無法保護他，約瑟被逼到單獨依靠神，他從心中吶喊：「耶和華神，救救我。」

就在此刻，哥哥們歡喜用餐，彼此慶賀拔除眼中釘。突然之間，來了一隊自基列來的以實瑪利人，他們用駱駝馱著香料、沒藥要帶到埃及去。

猶大突生奇想：「我們不如把約瑟賣給以實瑪利人，別把他殺了，還可以賺一票。」眾人都愛錢如命，七手八腳把約瑟拉了上來，用二十舍克勒銀子把約瑟給賣了。

等到一行人走遠了，方才離開一會兒的大哥流便回來，他走到坑邊一望大叫道：「天啊！約瑟不見了，我怎向父親交代？」

這些出賣弟弟的哥哥們，不慌不忙，宰了一隻羊，將約瑟的長袍沾了鮮血，打發一個路人，送到雅各那兒去：「我偶然在路上撿了一件外衣，聽說是你兒子的衣服。」

雅各一驚，這不是約瑟的彩衣嗎？放聲大哭：「惡獸把約瑟吃了、撕碎了。」雅各心中雪亮，這惡獸就是狠心的十個兒子，天啊，他親手把羊送入虎口。

雅各撕裂衣服，腰間繫上麻布，為心愛的約瑟悼喪。十個兒子回到家，連連安慰雅各，雅各看他們虛虛掩掩的臉色，更明白了真相，這十個混蛋，若非是自己的兒子，他非殺了他們不可。但是，雅各既是被害者，又是害人者的父親，他能怎麼辦？

29

色戒

「喀嚓」一聲，約瑟被鎖上手銬腳鐐，然後商人用一條鐵鍊，彷彿一長串粽子一般，將約瑟拴在一隊奴隸之後，一步一步蹣跚向前。

如果約瑟聽過前世輪迴的理論，可能會猜想與哥哥們前世結了什麼孽債，否則何以對弟弟恨之入骨？

幸而約瑟是心目中有上帝的，即或處在如此難堪的局面之中，他仍然可以讚美神：「感謝主，幸虧還沒死在洞裡。」

接下來到了埃及，卻比死還難以忍受。

約瑟被帶入奴隸市場，人聲鼎沸，一個人走過來，捏捏他的小腿：「嗯，還挺強壯。」

另一位買主過來，掰開他的牙齒仔細檢查，眾人將他當貨物一般挑挑揀揀，約瑟又羞又窘、悲酸交織。他原是何等尊貴的約瑟啊。

這時，埃及法老的內臣、護衛長波提乏，遠遠地在一片人海之中看到約瑟，英俊高拔、舉止文雅，不像是做粗活的，當下被吸引，買了約瑟，帶回家中。

於是，約瑟跟著主人，到了巨宅，佈置奢華、高聳壯麗，有花園噴泉，有遮陽的格窗，彩色瓷磚鑲嵌的地板，與儉樸的帳篷大不相同。然而，約瑟現在不再是得寵的小王子，而是奴隸。

這時的約瑟彷彿外傭，他言語不通，但是他生性精敏、勤奮忠心，波提乏比手畫腳一番，約瑟立刻辦妥。沒過多久時日，他已經可以用埃及語言請問波提乏：「還有什麼要做？」

波提乏實在太驚奇了，於是挑點難的試試約瑟，把家中帳本拿出來，教他認字。猶太人原本就是數學天才，約瑟更是頭腦細密，算得一清二楚，波提乏大喜過望，把地契、房屋、田產全交在約瑟手中。

因為神與約瑟同在，約瑟百事順利，波提乏家裡田間，一切一切全得到神的祝福。波提乏得意自己慧眼識英雄，他再三對貌美的妻子誇耀：「看哪，我現在什麼都不要做，只要等著吃飯，連吃什麼美味，約瑟也會打點好。」

「是啊，是啊。」波提乏夫人點點頭，一面用眼角搜索約瑟，波提乏不知道，打從約瑟進了大門，夫人的心裡怦怦跳個不停。

世人都以為男人好色，其實女人不遑多讓，君不見鑽在男藝人身旁，痴痴迷迷、尖聲高叫的全是女人。

對於英俊瀟洒、斯文多禮、才氣縱橫或是聰明幹練的男人，女人缺乏抵抗力。偏偏約瑟樣樣出眾，波提乏夫人情不自禁。

考古學家自出土的資料研判，當時的埃及婦女自由開放、作風大膽，一如今日世界。

這位女主人容貌豔麗、情慾高張，仗著波提乏的寵愛，向來要做什麼就做什麼。趁著波提乏一早入宮，她嬌嬌媚媚地對約瑟說：「來，陪我到床上去。」

約瑟臉一紅，嚇得奔到外面去。

女主人色令智昏，第二天盛裝打扮，畫上大濃妝，穿著長裙曳地的長禮服，胸口開得低低的，身上擦了香水，一下子從身後雙手摟緊約瑟，約瑟驚愕萬狀，強力掙脫。

如此這般，同樣色誘的戲碼不斷上演。

女主人自信滿滿，總有一天，約瑟會被她的姿色吸引。約瑟嚇得要命，儘可能不與她單獨一室，可是為了做事，又不能不出出進進，他既不能與女主人為敵，又不能一塊墮落，在艱難的環境之中，神的手不離開他，在約瑟的心中，時時給予抗拒罪惡的力量。

有一天，女主人又含情脈脈拉住約瑟。約瑟用非常誠懇的語氣對她表白：「你看，這家裡沒有比我更大的，主人把一切交給我，除了你，我豈能做這樣大的惡事得罪神呢？」

女主人輕蔑地說：「你的神算什麼？」她繼續死纏爛打，天天演出貓捉老鼠，如龍捲風一般，非吃到約瑟不可。

過了一段相當長的日子，某日，約瑟不得不入內室辦事，女主人拉住約瑟外袍：「我命令你，立刻上床。」約瑟把衣服丟在她手裡，一溜煙地跑了。女主人因愛生恨，大聲喊叫：「啊！啊！不得了！」

家裡的人全趕了來，女主人忿忿地說：「你們瞧，波提乏帶來一個希伯來人到我們家裡來，他竟然膽敢戲弄我，我一喊，他就跑了。」說著，雨打梨花又哭又鬧。

波提乏家人早對約瑟得寵吃醋，也就跟著咒罵，奴才欺主母，罪該萬死。

波提乏回到家，女主人把約瑟的外衣摔在地上，咬著牙要殺約瑟解恨。

波提乏也生氣了，在他官府之中，原有一監牢，專門關埃及王的犯人之地，他是護衛長，有責任看守他們。於是，波提乏把約瑟下到監中。

約瑟遭到冤獄，他仍信他的命運掌握神的手中，他這一句：「我怎能做這大惡事得罪神。」成為千古名言。

30 冤獄

在希伯來文之中，God是神，gad是運氣。

約瑟從豪宅落入監獄，獄中陰濕幽暗，滿地泥濘，沒有通風口又惡臭難聞，約瑟傷心得嗚咽地哭了。

最讓約瑟受不了的，還不是惡劣的環境，而是波提乏對他照顧栽培、提攜厚愛，他受人點滴，恨不得湧泉以報，卻被冤枉誤解。因為特別忠貞誠實，反倒蒙上不白之冤。

幸而約瑟不會沉溺在怨歎gad，他心中有神，這個世界沒有人相信他，神會相信他的清白。

於是，約瑟用力擦乾眼淚，對自己說：「男子漢大丈夫，不許哭。」他身上戴著腳鐐手銬，但是，他的心站了起來。

耶和華與他同在，他不再憂愁，命運既在神手之中，約瑟又露出天使般的笑容，與一般囚犯怒氣沖天、憤恨不平大不相同，司獄很快地發現約瑟的特別，司獄也久聞約瑟當管家的行政長才，於是他把約瑟叫過來：「這些囚犯，時時挑釁，麻煩透頂，幫我管一管吧。」

由於耶和華與約瑟同在，約瑟得心應手，在擔任管家那些年中，他也磨練出管理的能力，賞罰公平，待人和善。因此，沒有多久，司獄與波提乏一般，樂得清閒自在，直誇約瑟：「你辦事，我放心。」

倒是波提乏，自從把約瑟關入大牢，他一樣一樣事情都得自己來，再也找不到與約瑟一般忠心可靠的管家，內心時常思念約瑟的能幹。

有一天，埃及法老大發脾氣，找了波提乏來下令：「這個酒政與膳長太可惡了，把他們關在你的牢裡，嘗一嘗滋味。」

波提乏還是最相信約瑟，他囑咐司獄：「交給約瑟來處理。」

按酒政與膳長都是官居要職，並非太監，類似漢朝的「尚食」。酒政除了為法老嚐酒、奉酒，且諮詢政事，膳長則是掌管法老飲食之旨。他二人平日錦衣玉食，與法老屬同一等級的享受，突然從五星級飯店下到監牢裡，吃不下、睡不著，痛苦到恨不得立刻死掉。

約瑟乃是過來人，知道他們的感受，格外體貼照料，同是天涯淪落人。兩位官員見約瑟斯文多禮，完全不似想像中牢頭的兇暴，也大生好感，成為朋友。

他倆逐漸適應獄中生活，時時與約瑟聊天，談到宮中許多禮儀規矩、法老的生活習慣，天南地北，相談甚歡。

過了許久，某日，約瑟循例一早探望這對難兄難弟，發現他二人兩眼發直，不斷打哆嗦，口中高喊：「好冷好冷。」

「怎麼了？」約瑟關切地問道。

「我作了一個可怕的夢，」酒政喃喃自語：「不曉得是什麼意思。」

約瑟說：「只有神能解夢，你何妨說來聽聽。」

「是這樣的，我夢到一棵葡萄樹，樹上有三根枝子，一會兒，發了芽，開了花。很快地，上頭的葡萄全都熟了，我把葡萄擠在法老的酒杯之中，把酒遞給了他。」酒政茫然地問約瑟：「我從來沒有作過印象如此深刻的夢，你能告訴我嗎？」

這時，神的靈降臨在約瑟的身上，約瑟眼睛一亮，清一清喉嚨對他說：「你的夢是這麼解，三根枝子代表三天，三天之內，法老一定放你出監，讓你官復原職，你仍然要當他的酒政，把酒杯遞在法老的手中。」

「真的嗎？那太好了。我有點餓了，可以吃東西了。」酒政笑得好樂。

約瑟握緊酒政的雙手，鄭重地拜託他：「此夢若真，你出獄之後，拜託幫我在法老面前講講好話，我是從希伯來被拐來的，我實在沒有做什麼壞事，就被他們下到監裡。」

膳長見酒政的夢大吉大利，也湊上前去對約瑟說：「我也作了一個怪夢，我夢到我頭上頂著三筐烤好的白餅，最上層的筐子裡有為法老烤的各樣食物，有飛鳥來吃我頭上筐子裡的食物。」

約瑟向來直話直說，他老老實實地告訴膳長：「這三個筐子是三天，三天之內，法老必定斬了你的腦袋，把頭掛在木頭上，會有飛鳥來吃你的肉。」

「有這種事？」膳長大驚，不過也半信半疑。

不料，三天之後，法老生日，大擺筵席，他突然想念酒政，酒政官復原職。又突然對膳長一陣厭惡，膳長就被他掛在木頭上判了死刑。

酒政重獲自由，親友們輪番請客祝賀，他早把答應約瑟的事拋到腦後，就是偶然閃過念頭，他可不想得罪波提乏夫人，也就自自然然不再提起。

約瑟發現自己測夢準確，也就更深信自己童年異夢，夢到十個哥哥的麥穗，向他的麥穗俯伏下拜，雖然目前身陷囹圄，他的命運一定操在神手之中。

31 解夢

誠如約瑟所預言，三天之後，酒政官復原職，酒政卻忘記承諾，並沒有為約瑟向法老求情，或許這就是日本俗語所說的：「別人的痛楚可以忍受三年。」

可憐的約瑟，每次聽到監獄大門鏘的一聲，老是誤以為要放他出獄，無奈望盡千帆皆不是，一次又一次的失望，讓他看穿人性，既然連自己的親哥哥都會把他賣掉，對這個冷涼的世界根本不該抱什麼奢望。

但是，約瑟對神還是存著希望，他不斷傾訴對神的愛，也從不詰問神，他努力轉移目標，熱熱切切關心其他受刑人，這真是漫長痛苦的考驗。

兩年之後，這次輪到法老作怪夢。

法老睡在比總統套房更奢華的皇宮裡，許多大臣隨侍在側，法老自認為是神，這個神卻被惡夢嚇得滾下床來。

僕人急奔而來，法老呼喊：「好可怕的母牛啊！」接過濕毛巾，洗了一把臉，法老又沉沉地睡去了。

不一會兒，法老又忽地坐起，喘著氣、擦著汗下令：「快，快把祭司找來。」祭司端來一杯酒，遞給法老，法老拍著胸口說：「這次的夢更可怕。」祭司無法解夢，法老生氣了：「明天把術士、法師全找了來。」

於是，全埃及的高人輪番上陣，各有稀奇古怪的解釋，並且提出種種消災解厄的偏方，法老一概搖頭。一天天過去，法老毛焦火辣，大拍桌子：「鬧夠了，你們根本不明白我作的是什麼夢。」

由於法老氣得全身發抖，葡萄美酒濺了酒政一身，酒政心想，法老的脾氣若是繼續發下去，難保他不會再度入獄，或是與膳長一般，被法老砍頭。

酒政原想忘掉約瑟的，因為約瑟被誣強暴波提乏夫人，波提乏乃法老的護衛長，酒政可不想得罪波提乏。

但是現在為己身謀，酒政不得不向前道：「陛下，我知道有一人能夠解夢，兩年之前，陛下將我與膳長同時下獄，有一希伯來奴隸預言，我會再為陛下斟酒，膳長被砍頭。」

「噢，這麼靈驗，快宣！」

於是，宮裡上上下下趕緊為約瑟修飾打扮。約瑟與猶太人一般，原都是留著大把鬍鬚，不過，埃及男人卻是不留鬍，刮臉，並刮去全身的毛。如今約瑟要入宮晉見法老，也要入境隨俗，換上最上等的細麻布衣裳，約瑟又穿上彩衣了。

法老王原以為約瑟是邋遢窩囊的囚犯，不料，約瑟一出場，彷彿超級巨星，高大挺拔，堂堂威嚴，一派自信從容，眾人都被他領袖風采所懾服。

「聽說你會解夢。」法老對眼前這位俊美青年產生了好感。

「陛下，解夢是神的事，神一定會用平平安安的話答覆法老。」約瑟的聲調異常溫柔，有一股說不出來的力量，撫平了法老長期焦躁浮動的憂心。

法老緩緩地回憶著：「我夢到我站在河邊，一會兒有七隻肥壯美好的母牛從河裡上來，在蘆荻中吃草，隨後，又來了七隻乾瘦醜陋的母牛，我在埃及，沒見過這麼難看的母牛，竟然吃了前面六隻母牛，吃完之後也沒變胖，牛怎會吃牛呢？真是恐怖。

「接著，我又作了一個夢，這回夢到一棵麥子，長了七個穗子，飽滿漂亮，一會兒，又長了七個枯槁細弱的穗子，這細瘦的穗子竟把俊美的穗子給吞了，而且吃完之後，依舊瘦巴巴的。」

約瑟平穩地答覆法老：「這兩個夢其實是同一個夢，上帝把未來的事，都已經告訴法老了：七隻肥牛、七個好穗代表七個豐年；七隻瘦牛、七個壞穗代表七個荒年。七個豐年之後的七個荒年，會讓百姓忘掉曾經有過的豐收，全國捲入緊張不安。」

「嗯，」法老心忖難怪自己晝夜不安，「那麼，又該如何化解？」法老追問。

「七個豐年之時，陛下下令徵收全埃及五分之一的五穀，積蓄在倉庫之中，以備未來七個荒年使用，當然，這得派遣一位能幹得力的大員主持。」

約瑟的答覆合理務實，在場官員互相微笑，終於找到答案了。

「可是，」法老又著急起來了，「我要到哪兒去尋找這樣優秀的人才，難道在這些酒囊飯袋之中嗎？」

官員們挨了罵，個個低頭，露出慚愧的神色，法老突然靈機一動，對著約瑟一笑：「那一位公正賢明的人不就是你嗎？遠在天邊，近在眼前，神將答案告訴了你，可見得只有你可以辦妥此事。」

法老高興得走下階梯，拍拍約瑟的肩膀，把他手上戴的、刻有王徽與法老名字的戒指，忽地套在約瑟的手指上，對他說：「我任命約瑟擔任埃及宰相，這戒指代表我的授權，你可以發號施令。」約瑟突然之間，平步青雲，冤獄平反。

當法老為約瑟套上戒指那一剎那，約瑟抬起頭來，看到酒政笑嘻嘻的眼睛。是的，感謝上帝，如果酒政兩年前為他說情，約瑟了不起出了監牢，回到迦南，繼續面對想害他的十個哥哥，當他信靠神，神的時間表多麼神奇。

32 從囚犯到宰相

法老知道臣子們不能接受約瑟，於是將約瑟改名為「撒發那忒巴內亞」（意思是神向我們說話。這神當然指的是約瑟所信奉的神），同時又作媒，把安城祭司波提非拉的女兒，全埃及的首席美女亞西納（意思是屬女神納特的），給約瑟為妻，大大提高了約瑟的地位。

約瑟終於穿上了真正的彩衣——宰相的細麻官服。法老且親自為他掛上代表國王獎賞的項鍊，還牽著約瑟的手，乘上他的副車。副車是緊挨著法老座車的，敞篷、豪華、氣派，一路之上，開道的兵卒不斷吆喝「迴避」、「下跪」，約瑟玉樹臨風地站在車中，全城百姓爭睹新任宰相的俊美英姿。

法老鄭重在朝廷之上，用起誓立約的方式對約瑟說：「我現在下令，在全埃及之中，沒有約瑟指示，任何人不許擅自辦事。」這是說給臣子們聽的，表示約瑟總攬大權。

約瑟一向是積極、熱心、認真、用心的勤快人，領了法老的命令之後，他馬不停蹄巡行全埃及，擬訂法律、管理民籍，百姓各歸各城，剋日完工大批糧倉。

約瑟在擔任波提乏的管家、在管理獄政之時所學到的經驗，此時全都派上用場，他爭取時間、注重效率，不一會兒，各地的糧倉巍然建立。他也立刻徵收全國五分之一的麥穀，妥善搬入糧倉。

由於約瑟曾為奴隸，因此他對於這些打著赤膊的苦力十分同情，埃及炎熱難捱，約瑟不時添水加菜，也小心不讓工人過勞。當約瑟出外巡視工程之時，奴隸們都打從心裡說：「我們的宰相真是大好人。」約瑟心想，我是嘗過這種苦滋味的，原來，神在教導我如何體恤人。

法老對約瑟的表現十分滿意，他也與波提乏當年一般，無論大小事都說：「我不管這些，你們去問約瑟。」

埃及許多官員不以為然，彼此私下討論著：「這個希伯來奴隸，又不是我們埃及人，他不曉得我們有尼羅河，從來不會鬧旱災。」

「可不是嗎？」另一官員朗朗地唱出埃及世世代代相傳的〈尼羅河頌〉——「光榮

啊，尼羅河，你起源於大地，川流不息，養育著埃及。你澆灌田地，使萬物充滿生機。你生出大麥和小麥，使廟裡彌漫了節日的喜氣。」

埃及被稱之為「尼羅河的贈禮」是有原因的，尼羅河每年七月十九日定期氾濫長達四個月，挾帶各種腐爛植物與礦物質，成為天然的肥料，形成大量的、黑黑、厚厚、油油的沖積土。在河水退去之後，人們得重新丈量劃定田界，使得埃及人一年可以收穫幾次莊稼。

因此，埃及人自豪地說：「只要喝過尼羅河水的人，無論他走到哪裡，他的心一定會留在埃及。」

因此，有臣子上報法老：「陛下啊，宰相的預測未必準確，尼羅河神保佑我們，哪兒用得著勞師動眾到處蓋穀倉。」

法老反問一句：「這個異夢是你作的，還是我作的？」而且法老高興地說：「就算沒有遇上荒年，這個五分之一的糧食歸我所有，豈不也是美事一件。」

這一番話，讓臣子們乖乖閉口，隨時隨地為長官設想，一向是約瑟蒙長官信任之道。

七年之中，埃及豐饒，滿滿的穀粒，多得不可勝數，法老雙手捧著麥粒，望著陽光之下閃爍的好收成，他龍心大悅道：「這些全是金沙，缺糧之時，比金子還要名貴。」

到了第八年，天災不斷，豐沛如尼羅河也出現窘狀，大地乾涸龜裂，到處出現大饑荒，百姓要求開倉賑糧。

約瑟是個大好人，卻不是爛好人，他向法老報告：「百姓可以買糧，不可白白得糧，杜絕浪費。」說得也是實在話。

於是，法老得到許多白花花的銀子，民眾也換到了充足的糧食。

一年過去，百姓的銀子告罄，集體前來請願：「我們的銀子都花光了，求你給我們糧食，別讓我們死在你面前。」

「不妨，用牲畜換糧。」約瑟始終堅持天下沒有白吃的午餐。

於是，民眾紛紛牽著牛羊馬驢來換取糧食。

又過了一年，人民的牲畜也換光了，又跑來求約瑟：「請法老買我們，也買我們的地，我們活不了了。」

約瑟又搬出新方案：「我為法老買了你們的田地，這兒有種子，你們拿著，將來收成之時，五分之一交法老，五分之四你們養家活口。」

百姓們感激涕零：「仁慈的宰相啊，你救了我們的性命。」

約瑟的成績單漂亮極了，他不論擔任任何職務，總是盡心盡力為長官設想，也竭盡所能照顧屬下，《論語》中曾子有謂：「為人謀，而不忠乎？」約瑟就是這般忠心耿耿。

33 兒子的眼淚

約瑟拜相，不多不少正好三十歲，仕途通達，前程似錦。

想當初，約瑟一再堅拒波提乏夫人的引誘，對一夜情敬謝不敏。如今，法老作媒，送給他最聰穎美麗的妻子亞西納，夫妻之間鶼鰈情深。約瑟原本就是美男子，這一會兒登上相位，手握大權，多少女人巴望投懷送抱，約瑟還是那句話：「我豈可得罪神。」尤其在他母親拉結的身上，他看到一夫多妻為女人帶來的凌遲，為男人帶來的折磨，約瑟決心婚前婚後貫徹守貞。

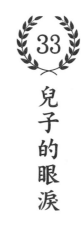

事業、愛情、婚姻樣樣得意的約瑟，在夜幕低垂的夜晚，他挽著美麗多情的亞西納，從壯麗豪華的相府之中，俯瞰埃及王國，很難想像，不久之前，還蹲在監獄苦牢之中，這一切的一切，約瑟只能閉上眼睛呢喃：「感謝神。」

許多人在艱難困苦之時，五分鐘呼喊一次，「上帝啊！救我啊！」可是當災難過去，平安亨通之時，上帝就被擱置一旁。約瑟可不，他時時刻刻與神相連，永遠保守溫柔善良的靈魂，勤勉負責的工作倫理。

約瑟明白，天地之間只有一位真神，就是創造萬事萬物的耶和華。但是埃及人可不一樣，非但日月星辰、高山大河、風雨雷電全是神，就是獅子、鱷魚、眼鏡蛇、蠍子都成為膜拜的偶像，其中最奇特的就是貓。

約瑟進出皇宮，到處都可以看到巨大的貓的神像，怪怪的，毛毛的，讓人雞皮疙瘩都起來了，在尼羅河三角洲，貓神貝斯特地位崇高，難以想像。

傳說之中，曾有一隻貓神打敗巨蛇阿波菲斯，使得太陽得以每日東升，類似的圖畫處處可見。因此人們寵愛貓，由於愛得太深了，以至於有些貓尚未死亡，就被人勒斃，製成木乃伊貓，用石膏將頭部定型，前兩腿疊胸前，後兩腿疊於腹部，身上還有許多彩繪圖案，一貓成神，眾貓遭殃。

約瑟為貓悲哀，更為人悲哀，然而他雖然貴為宰相，卻無力改變千奇百怪的多神崇拜。

約瑟與亞西納婚後不久，亞西納就懷孕了，生下長子瑪拿西。

溫柔的亞西納問約瑟：「瑪拿西是什麼意思？」

「就是神使我忘記一切困苦以及父親全家。」

亞西納笑著啐了一口：「親愛的，你就是忘不了父親，才故意說自己忘了。」

約瑟不說話，低著頭玩著小嬰兒的小手指頭，沒錯，亞西納果然是「知夫莫若妻」。此情此景使人想起京劇中的「四郎探母」。

四郎乃北宋名將楊業的四子楊延輝，楊業確有其人，楊門女將的故事雖是杜撰，卻深入中國人心。

話說楊延輝與遼國相戰，兵敗被俘，遼太后見他生得一表人才，相貌出眾，非但捨不得殺他，還將女兒鐵鏡公主許配給他。

楊延輝將楊字拆開，改姓木名易，在番邦待了一十五載，夫妻恩愛，剛生一子。一日，聽聞母親佘太君押解糧草到達邊境，楊四郎思母心切，卻被困住無法動彈，忍不住哭濕衣袖。

鐵鏡公主看著著急，猜測駙馬爺的心事：

「莫不是母后將你怠慢？」

「莫不是夫妻間冷落少歡？」

「莫不是思遊玩那秦樓楚館？」（歌舞場所與妓院）

「莫不是抱琵琶，你就另向別彈？」（對其他女子唱情歌）

公主接連四猜，四郎一一搖頭，他誠懇感性地回答：「本宮（本人）乃被擒之人，多蒙太后不斬，反將公主匹配，如今又生下阿哥（小王子），你說此言，我豈不愧然？」

最後公主猜中了：「莫不是你思念故土？」

是的，四郎果然是思故土想母親，於是能幹的公主盜了令箭，交給四郎，讓他連夜出奔，趕著見老母一面。

四郎私自出關，冒著違反軍令被殺頭的危險，一定要見老媽媽一面，最主要的，他是要稟告老母，他還沒死。

約瑟的心情比四郎更迫切。楊四郎上戰場，做母親的多多少少心裡有準備，約瑟卻是去探望牧羊的哥哥，從此一去不復返，他想都不敢想，雅各一定急瘋了。

記得童年之時，雅各最愛說的故事，就是他母親拉結婚後遲遲未孕，後來終於生下了他，小約瑟是如何聰明可愛，做父親的可真是樂死了。

現在，輪到約瑟逗著小瑪拿西玩，他更能體會當年雅各的心情，也更加思念父親。雅各是生是死，他不知道，何況十個哥哥仍然虎視眈眈，他身為埃及宰相，卻沒可奈何。

「四郎探母」中有一句：「我好比籠中鳥有翅難展。」許多人都愛哼著這一句，約瑟自從離家，所有的心事，只有默默向上帝傾訴。

約瑟濃濃的思父之情，只有繼續存在心底。

34 忘不了

約瑟的施政奏效，埃及安然應付災情，然而埃及附近的巴比倫、亞述，以及他父親雅各及哥哥們所住的迦南，遭遇到大饑荒，每年都有大批人餓死。

約瑟心中不斷猜想著，哥哥們會來埃及買糧嗎？畢竟這是唯一的一條生路。

回頭看老雅各，自從兒子們眼神閃爍，一臉做了虧心事的模樣，拎著血淋淋的彩衣回家，他就知道他最疼愛的約瑟被兄長害死了。

整整二十年過去，雅各望著帳篷外的黃塵滾滾，總在追悔：「當初我若不打發約瑟去探望他們就沒事了。」

前事不忘，後事之師，雅各把約瑟的同母弟弟，也就是老么便雅憫護得嚴嚴的，從來不敢放鬆。

這一回，雅各不得不差遣十個兒子去埃及買糧。

「便雅憫不與我們同去嗎？」兒子們齊問。

「當然不。」雅各用力摟緊便雅憫，好像護著小嬰兒，他可不能讓便雅憫步上約瑟的後塵。事實上，便雅憫沒約瑟那麼優秀，哥哥們沒那麼嫉妒，只是雅各一朝被蛇咬，十年怕草繩。

十個兄弟風塵僕僕到了埃及，到處高樓頂立，吵鬧喧嘩，他們循著人潮，擠入市集。約瑟正在指揮官員，忽然一抬頭，天啊！他看到了流便、西緬……西布倫，十個哥哥全來了，還是當年粗里粗氣的樣子，走路的姿態、眨眼摸鼻的小動作全都沒變，只是老了，顯得落落魄魄、灰灰敗敗。

儘管十個哥哥曾經絕情地置他於死地，稟性善良的約瑟，第一個感覺竟然是感情澎湃，有他鄉遇故知的溫暖。但是隨即又認清哥哥們對他的厭惡，以及自己的身分──當今埃及宰相。

約瑟調勻呼吸，平靜向前走去，兄弟們看到氣宇軒昂、白袍飄飄、戴著埃及人的假髮、畫著埃及男子濃妝，名叫撒發那忒巴內亞的埃及宰相，嚇得誠惶誠恐馬上俯伏在地，完全沒有看出這是約瑟。約瑟若還活著，應該是打著赤膊、汗流浹背地在當金字塔的奴工啊。

約瑟見他們完全認不出來，放下怦怦亂跳的一顆心，透過翻譯嚴厲地責備道：「你們，哪兒來的？」

「我們從迦南地來買糧食。」

「不對，你們是奸細，前來窺探埃及的虛實。」

「哪有十個兄弟一起當奸細的？我們原有十二個兄弟，是迦南人的兒子，留在父親身邊，還有一個弟弟不在了。」

聽說父親健在，約瑟心中一寬，想到母親拉結過世後，他一手照顧的弟弟便雅憫，他又心中熱熱的，於是，這個被認為「不在了」的宰相下令：「除非你們派一個人去迦南，帶來你們的小兄弟，否則你們就是奸細。」接著，約瑟就把他們關在牢裡蹲了三天。

三天之後，約瑟出現，透過翻譯再一次告訴他們：「我是敬畏神的，你們聽我的話就能保住一條命。你們留一個人在牢裡，其餘的攜帶糧食回去救饑荒，把你們的小兄弟帶回來證明你們所言不虛。」

這時，兄弟們露出苦瓜臉的表情，氣氛凝重，他們不曉得宰相聽得懂希伯來話，彼此長嘆道：「我們實在不應該，當時約瑟被我們推入坑中之時，他一直哭、一直求，我們不理他，現在好了，報應來了。」

當時曾經想搭救約瑟的流便，更是激動得哭了起來：「你們看，我不是老早跟你們說過，不可以傷害那孩子嗎？你們就是不肯聽，不知道後來被賣到哪兒去了？」

約瑟聽到這兒，心中一緊，高興他們終於悔改，眼眶一熱，趕緊轉身退後，到外面狠狠哭了一場，再回來和他們說話。

忽然之間，西緬跳了出來，一臉作臭，用力拍打著流便的肩膀，不耐煩地吼著：「好啦、好啦，同樣的話，你嘮嘮叨叨念了二十年還不夠嗎？這件事跟那件事毫不相干。」

西緬最壞，西緬的名字就是「動刀動劍」的人，他曾經因為妹妹底拿被姦，殺了示劍全族。

約瑟永遠忘不了西緬推他入坑時的橫眉豎目，以及賣了他之後數鈔票的貪婪，「西緬啊西緬，你知不知道害得你弟弟經歷多少創痛與煎熬？」

約瑟為長子取名為「瑪拿西」之時，就決定忘掉過去，但是他也深知，不給一點小小教訓，西緬永遠不會反省。

約瑟回首一指西緬，用埃及話下令：「你，留在牢裡。」

接著，辦事細密的約瑟指示三件事：一、將他九人的糧食裝滿；二、銀子歸還；三、備妥路上的食物。

於是，九個兄弟悻悻然地上路了，一路上大家都沒心情開口。

35 十指連心

雅各失魂落魄坐在帳篷門口，痴痴切切望兒歸。終於有一天，在塵沙滾滾之中，雅各看到孩子們，終日懸掛的心終於放下來，然而，不對，怎麼少了一個？西緬那個渾小子到哪兒去了？

「西緬呢？」雅各著急地問道。

「被關在牢裡。」

「什麼？」雅各幾乎跳了起來，雖然西緬品行不端，到底是他的兒子啊。

於是，他們九個弟兄，你一言，我一語，垮著臉，垂頭喪氣報告了經過。雅各眼角滲出了滴滴眼淚，流便為了沖淡僵硬的氛圍，勉強擠出笑容：「不過，我們倒是帶回大批糧食，全是上好的、飽滿的黃金穀粒。」

於是，眾人把驢背上所馱的糧食卸了下來，卻訝然發現口袋裡鼓鼓的，帶去買糧食的銀子，原封不動又退回來了。

「這是怎麼一回事？」

「我們也不知道，莫非是栽贓？」流便此話一出，大家的心都涼了半截。

流便身為長子，帶頭發言：「我們若不帶便雅憫去一趟，西緬就回不來了。」

二十年的積憤，新仇舊怨一起湧上心頭，雅各冒火了：「你們存心害死我對不對？何必告訴人家我還有一個兒子呢？」

流便幽幽地回答：「我們只是想證明我們不是奸細，誰能料到他要看到便雅憫才放人？」

雅各鼻子裡噴著濃煙道：「你們、你們害我喪失我的兒子，約瑟不見了，西緬也沒了，這一回又要把便雅憫帶去，這些不幸全落到我頭上來了。」

流便曾與父親的妾私通，這個當老大的，又未能阻止弟弟們賣掉約瑟，這二十年來，受夠了父親怨懟的眼神，因此這一回他挺身而出：「我若是不能把便雅憫帶回來交給你，你可以殺了我兩個兒子。」

「嗯，很好，要我這當祖父的親手殺孫。」雅各堅決地搖搖手：「我的兒子絕不可與你們一同出去，他若在路上遭害，就是你們使得我這一把年紀，白髮蒼蒼、陰陰慘慘地下到陰間去了。」

過了一陣子，迦南地的饑荒沒有解決，他們從埃及帶回來的糧食快要吃光了，已經有一個胖胖的僕人餓死了。

雅各下令：「你們再去埃及買些糧食回來。」

老四猶大說話了：「埃及宰相再三吩咐，不帶小兄弟上來，就見不著他的面，去了也是白去。」

雅各保持沉默。上一回約瑟遇害之後，雅各交叉詢問十個兄弟，每人對約瑟的死各有一番描述，精明的雅各一聽就知道其中有詐。這一回不一樣，怒目粗暴的兒子們變得鬱鬱寡歡、心事重重，從來沒有如此奇怪。再說，雅各堅持不肯交出便雅憫，接下來一個一個餓死，便雅憫也跑不掉，這一層道理，雅各心知肚明，只能捱過一天算一天吧。

終於有一天，猶大對雅各說：「你打發我們去吧，不然大家全死光了。我們若沒有耽擱，第二次都回來了。如果我沒有把便雅憫帶回來，任憑發落。」

既然猶大以命擔保，雅各也沒有理由再拖，他無可奈何道：「既然非得如此，你們就要把這兒土產中的乳香、蜂蜜、香料、沒藥、榧子、杏仁都一樣拿一點兒，帶去給宰相當禮物，還有，那莫名其妙出現在袋中的銀子，你們務必加倍奉還，也許是不小心弄錯了。」

雅各與中國人一般，禮貌周到，總認為禮多人不怪。特別值得一提的是榧子，就是你我都愛的開心果。榧子產於小亞細亞、巴勒斯坦以及中國，三角形，外殼紅、果仁深綠，可以生食或烤食，香脆可口，在《紅樓夢》中有一段，寶玉探望黛玉笑道：「給你一個榧子吃吧。」打榧子乃拇指與中指相捻成聲之意，彷彿剝開心果的清脆之聲。

好，禮物備妥，雅各千叮萬囑，並且做了禱告：「全能的耶和華啊，願神憐憫你們，帶回西緬與便雅憫。」既然一切託付給神，就由神處置吧，他豁達地說：「全交給神了，我若喪了兒子就喪了吧。」

在這生死交會的剎那，過去很少善體親心的兄弟們，如今也對父親充滿了不捨。

雅各目送孩子們走遠了，心中又開始惻惻疼痛。

天上的耶和華神也看到這一幕，神對雅各及其眾子也充滿了疼惜，所不同的，人是懷著憂懼走向不可知的命運，神卻知道每個人的失望，並且已想好對策，為人們預備了另一扇窗。

36 埃及的筵席

自從與哥哥們重逢，約瑟的情緒澎湃，回首前塵往事，彷彿一把一把匕首劈向他的心，充滿了羞辱、痛苦、委屈與憤怒。

約瑟記得波提乏夫人誣指他強暴，強暴犯向來是監獄裡的囚犯最看不起的。因此他曾被獄友們打得血肉模糊、抱頭哀號，無人伸出援手，種種不堪，陣陣心悸。如今，罪魁禍首之一的西緬正蹲在牢中，依舊橫著臉沒有絲毫的悔意，若是套用武俠小說中的慣例，大仇將報，大仇將報，豈可不報？

純良的約瑟從來沒有想過報仇，但是他沒有辦法讓自己不痛苦，在輾轉失眠的夜晚，約瑟呼求神：「耶和華啊，讓我平靜。」《聖經》上說：「你們得不著，因為你們不求。」約瑟求了，神也施展大能，約瑟又能沉沉睡去。約瑟決心靠神饒恕，他也要利用這個機會教育哥哥們，從小約瑟就希望哥哥們學好。

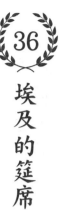

所以，西緬在牢中，一方面被保護得好好的，餵得飽飽的；另一方面被獄卒嚇得屁滾尿流、驚恍不已。

由於全地大饑荒，唯有埃及一枝獨秀，雅各雖然不情不願，還是讓十個兒子來到埃及，何況西緬還在當人質。

「報告宰相，上次來的那批迦南人又回來了。」

「這次來了幾個人？」

「十個。」

十個，那表示便雅憫也來了，約瑟二十多年沒有見到同母么弟了，他恨不得馬上把小弟摟在懷裡，但是，時機未到，他只能若無其事吩咐：「預備筵席，中午我要宴請這批人。」

十兄弟被帶入宰相府中，他們東張西望，打量著壯麗寬敞的華廈，處處懸掛著精緻的長簾，腳下踩著厚軟吸音的地毯，到處靜悄悄，身著亞麻長衣的僕人面無表情的工作著。他們的心臟怦怦亂跳，猜想著，一定是上次買糧的銀子出事了。

因此，他們急著找管家說明：「上次買糧的銀子，不曉得為什麼跑回我們的口袋中？」兄弟們擔心，可別因此被關入大牢，或是發配為奴。

「沒事，那是你們父親的神賜給你們的。」
「什麼？」眾人一致懷疑自己的耳朵出了問題。
一會兒，管家帶來被關入牢中的西緬，兄弟們發現西緬竟然養胖了，管家為他們打了水洗腳，並且宣佈：「中午，宰相設宴款待大家。」
「這，不用了吧。」兄弟們急著想走。
管家用嚴厲的眼睛瞪住他們，兄弟們噤聲不敢言，抱著劉邦赴鴻門宴的心情，提心吊膽攜帶著迦南土產，進入大廳。
過了一會兒，約瑟英姿煥發、氣宇軒昂地進來了。想當初，雅各為約瑟做了一件「仿貴族」的彩衣，哥哥們大為吃醋，剝了彩衣，將他扔入坑中，如今約瑟身著真正的宰相官服，他們卻完全認不出來，只是緊張地俯伏在地、連連叩首。
約瑟心下一驚，這豈不就是他的童年異夢嗎？他夢見兄弟們的麥捆，齊向他的麥捆下拜，他傻乎乎地全都講了出來，惹得哥哥們憤恨。做了宰相的約瑟，懂得只說三分話，他故作平靜道：「嗯，你們的父親還健在嗎？」
「嗯，父親很好。」他們應道。
約瑟轉身看著便雅憫，便雅憫長大了，也許因為父親的嚴密保護，看起來還很稚氣，約瑟明知故問：「這是老么？願神祝福你。」

這時的約瑟再也憋不住了，他心中澎湃洶湧，充滿了愛弟弟的強烈感情。急急忙忙退出，慌慌張張找了一個沒人打擾的地方，痛痛快快哭了一場，然後洗了一把冷水臉，重新化了埃及人的濃妝，戴上假髮，這才慢慢悠悠走了出來。

宰相府中，席開三大桌。約瑟單獨一桌，埃及人也單獨一桌，埃及人看不起希伯來人，認為他們全身毛毛髒髒的，一向保持距離。約瑟兄弟們一桌，他們正預備入座了，約瑟透過翻譯高喊：「依長幼順序，流便、西緬、利未、猶大……」

大家都傻了，埃及宰相如何知道排行，從流便到便雅憫完全正確。

接著上菜，佳肴美酒擺滿一桌。經過饑荒，他們都餓慘了，美食當前，兄弟們不客氣地開懷大嚼。約瑟又與唐太宗賜食物給大臣一般，不斷地把自己桌前好吃的分出來，命令僕役分給兄弟們，整個大廳鮮香上竄。

這十一個壯漢好食量，樂得掃個精光。最奇特的是，約瑟不論分任何食物，便雅憫一定是旁人的五倍。最後是西瓜，希伯來人沒有吃過西瓜，又紅又甜又多汁，清涼解渴實在美味，便雅憫也是哥哥們的五倍，他把五塊全吃光了。

約瑟仔細觀察哥哥們的表情，發現他們也沒有嫉妒的感覺，畢竟經過一番歷練也長大了。

酒醉飯飽，盛宴結束，兄弟們告辭，載著滿滿糧食踏上歸途。猶大拍拍西緬的肩膀、碰碰便雅憫的身子，如釋重負地自言自語：「這下可向老爸交代了。」曾經惹起召妓風波的猶大，悔改之後，果然成為負責任的男子漢了。

37 失竊的銀杯

二〇一〇年世界盃足球賽開打之時，出現了一隻水族館裡的章魚哥，據說牠游向哪一個國家的旗幟，球賽就一定包贏，屢試不爽，世人稱奇，許多的賭盤因而下注。其實就是邪靈附身，具有某種牠不可能會知道的事。

舉凡涉及招魂術、占星術、碟仙、風水、看相、算命，讓這些東西登堂入室，都可能會碰上鬼附身，因此《聖經》中反對占卜經火。中國人常說，命愈算愈薄，就是這個道理。

章魚哥的事並不新鮮，從兩河流域的文獻之中發現，中東一帶常用油或水倒入碗中，觀察油或水的流向，達到占卜求問的目的。

埃及宰相約瑟就有這樣一只銀杯，他相信宇宙真神上帝，不相信占卜。但是，他要利用銀杯，帶領哥哥悔改。

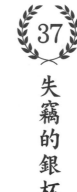

約瑟對管家說：「把糧食裝滿他們的口袋，盡量裝，裝到驢子馱不動為止。並且把銀杯，悄悄放入老么的袋子中。」

十一個弟兄興高采烈地上路了，他們此番第二回合到埃及購糧，有驚無險，滿載而歸，有說不出的輕鬆愜意。

剛剛出了城門不久，遠遠聽到「達達達」急促的馬蹄聲，直到一群殺氣騰騰的護衛隊停下，才發現埃及人在追他們。

於是他們露出一副彷彿駕駛沒有超速、交通警察忽焉而至的驚異，無辜地瞪大眼睛：「我們犯了什麼錯？」

管家出現了，兇巴巴地喝斥：「你們這些忘恩負義的人，為何偷了我們宰相占卜的銀杯？」

「沒有的事，上次你放在我們口袋中的銀子，我們不是加倍還你，我們要這個銀杯做什麼？你在誰的身上搜出來，誰就該死，我們也當你的奴僕。」一番話說得理直氣壯。

「死倒不必，不過誰偷了誰擔罪，做我的奴僕，其他人沒事。」

「請搜。」眾兄弟同時把口袋卸下，放在地上。彷彿旅客在機場，等候行李通關一般。

管家表情木然，逐一翻尋，到了最後搜查便雅憫的口袋之時，哐的一聲，銀杯滾落到地。

眾弟兄見狀大驚，一起撕裂衣服，表示深沉的哀痛，難過得把口袋搬回驢子的背上，一言不發跟著管家回到埃及。

約瑟已經端坐在屋中等候他們，弟兄們見到約瑟，噗通一聲俯伏在地。

「你們為什麼做這樣的虧心事？竟然敢偷我占卜用的銀杯，想在我面前玩花樣。」

猶大心想，雖然這一回沒有偷竊，想來當年把弟弟賣到埃及的事，已經被上帝查出來了，才得到這樣的報應。因此他兩手一攤，無奈地說：「我們還有什麼話可講的，上帝已查出我們的罪孽了。」他又長長吁了一口氣道：「我們兄弟全是你的奴僕。」

約瑟微微一笑，開恩地說：「在誰的手中查出，誰就是我的奴僕，其他人沒事，可以走了。」

不料，當年合謀推他入坑的哥哥們，沒有無罪開釋的雀躍，反而愁眉深鎖，一個個都要哭出來的模樣。

猶大咬了一下嘴唇，站了起來，挨近約瑟身邊，懇切地說：「你如同法老一般有權威，請息怒，容我說幾句話，我們的父親年紀大了，他在老年生了兩個兒子，一個死了，他悲痛萬分，只剩下最小的一個便雅憫。你命令我們帶他來，我們只得聽命。但是父親臨走前說過，如果便雅憫回不來，他就只得白髮蒼蒼、悲悲慘慘下陰間了。」

猶大此時喉嚨發緊，聲音哽咽，他自己也曾連喪二子，知道那種絕望之痛，因此他痛下決心道：「我請求你，高抬貴手，放了便雅憫和其他人，讓他們回去，讓我一輩子當奴僕報答你。」

約瑟一怔，一向自私且主張賣他為奴的猶大，怎麼變了一個人？約瑟從來沒有想要霸住爸爸，他希望每個兄弟都愛爸爸，當他被推入坑中，當他被賣身為奴，他固然為自己痛哭，他也氣憤，為什麼這些做兒子的，就從來不怕傷父親的心。

如今，這一刻終於到來，猶大像一個兒子了，也像一個他心中企盼的哥哥了，儘管他們這般無情無義，他心中還是愛他們，看到哥哥懂得懺悔的可愛模樣，約瑟再也忍不住了，他吩咐埃及人：「你們全退下去。」

然後，約瑟像個小孩子一般，抽抽搭搭地放聲痛哭，愈哭愈大聲，從約瑟見到哥哥們那一刻，他的心一直懸著、緊繃著，終於熬到這一刻了，他一邊抹眼淚，一邊吶喊：「我是約瑟，爸爸好不好？」

十一個兄弟傻了，僵住，完全不能動。

約瑟招手：「你們靠近一點。」

他們怕怕地靠過來，放大膽子，近距離注視埃及宰相，不看假髮、不看濃妝，看那俊美的輪廓，沒錯，這不是約瑟嗎？他們曾經想殺掉、後來又賣到埃及的弟弟，不是應該在金字塔當奴工嗎，怎麼活生生亮晶晶在眼前？太可怕，完了，完了……

約瑟卻是親親熱熱挽著他們的手，高高興興地說：「我就是你們的弟弟約瑟啊，你們不要恨、不要怕，這是神要我在大饑荒之前來埃及，為的是救大家啊。」

約瑟好愛便雅憫，他把頭靠在便雅憫的頸子上哭，哭完了又與流便與西緬、與每一個害他的哥哥貼臉。

上帝愛約瑟，所以約瑟願意用神一般的愛，去愛傷害他的家人。約瑟願意給哥哥第二次機會，卻不讓哥哥有二次傷害父親、傷害便雅憫、傷害自己的機會，所以他沒有在重相逢的第一時間馬上相認、馬上原諒，饒恕也需要有智慧。

38

重相逢

打從約瑟從坑中被拉上來，賣給以實瑪利人那一刻，約瑟就恨不得立刻奔到父親跟前，告訴他：「我還活著。」這許多年來當奴隸、下監牢，約瑟就是不讓自己死掉，除了神的力量，他還想再見到父親。

約瑟誠懇地對哥哥說：「現在全地饑荒兩年了，還有五年無法收成。因此神差遣我先來，為的是救你們、救世人。你們趕緊去報告爸爸，讓他知道我在埃及當了宰相，我要奉養他，還有你們，連你們的兒子、孫子、牛群和羊群全部帶來。」

若是沒有饑荒，他的父兄們絕不肯來埃及，就算約瑟當了宰相也一樣，神的恩典、神的時間，永遠無法測度。約瑟說著說著，又百感交集哭了起來。

十個哥哥經歷了比戲劇更戲劇化的人生，又是害怕、又是高興，一時之間，說不出什麼感覺，只想哭。

約瑟兄弟重逢的哭聲，馬上驚動了埃及上下，連法老都聽說了，由於約瑟功在埃及，讓全民免於饑餓，還靠著庫存糧食，賺取了不少外匯。

法老倚重約瑟，一刻都捨不得他離開埃及，所以他對約瑟說：「這樣吧，把你父親、弟兄的孩子、孫子全都搬來，家具這類笨重的就不用麻煩了，我們全埃及的寶貝都是你們的。」

有了法老的聖旨，約瑟更加方便辦事，他發給哥哥們每人一套新衣服，還有車輛、食物，便雅憫則獨享三百銀子、五套新衣。

另外，約瑟總算盼到可以盡孝心的一天了，他送給雅各十匹公驢，驢上馱著埃及各種寶物，還有十匹母驢，驢背上有讓父親在路上用的糧食、餅和菜，有父親平日愛吃的美味，也有從來沒有嚐過的埃及特產。

約瑟辦事一向細膩周到。

在約瑟打發哥哥回迦南之前，他還撂下一句話：「你們可不要在路上爭吵。」

哥兒們果然一路鬧回去，他們當年合夥賣掉約瑟，如今「死人復活」，要怎麼向父親報告？大家彼此指控諉過。事到如今，只有全盤托出，他們不講，約瑟自己也會講。

流便吞吞吐吐對父親說道：「當年真相是我們把約瑟賣到埃及。」

「約瑟不早在二十多年前被野獸吃掉了嗎？」雅各沒好氣地回答，他早就懷疑約瑟是被兄長們害死的。

「可是，約瑟現在當了埃及宰相，等著我們到埃及團聚。」

「夠了！」雅各氣忿忿地站了起來。「我不要再聽你們鬼話連篇。」

「約瑟真的沒死，不信，你去問便雅憫。」

雅各對便雅憫投以詢問的眼光，便雅憫指一指身上的新衣，彷彿變魔術似的，又亮出其他四套新衣，這般質地上好的料子，勾起雅各傷痛的往事，他想起約瑟那件濺血的彩衣。

「你們賣掉約瑟，得了多少銀子？」

「二十舍克勒。」

「這一點小錢，就把弟弟賣了當奴隸，你們為什麼這樣壞？為什麼一直欺騙我？」

雅各周身冰涼，不曉得世界上還有什麼值得他相信。

一會兒，像中國古代科舉放榜，高中狀元的喜訊傳來一般，帳篷外熱鬧滾滾，二十匹驢子吹吹打打進來，上面裝滿了雅各這輩子沒見過的稀奇寶貝，例如青銅罐子、金質飾品、鑄有人像的劍刃等。

雅各的心醒過來了，他說：「看來，我的兒子約瑟還活著，趁我還沒死，我得趕過去見他一面。」

雅各是虔誠人，先來到別是巴向神獻祭，二十年沒出現過，也沒向他解釋約瑟「死因」的神在異象中顯現：「別怕，我和你一起下埃及去，也和你一起上來，約瑟會在那兒為你送終。」

於是一百三十歲的雅各指揮全家，大大小小共六十八人一起出發，他很新鮮好奇地坐上了埃及車，這可是法老送的貴重禮物。

雅各指派猶大先去見約瑟，約瑟打發人引路，自己也套上車，雀躍不已。遠遠地、遠遠地，雅各看到了，他的小約瑟長大了，約瑟用力揮著手臂，還是當年熱情澎湃的模樣，約瑟下了車，雅各也一瘸一瘸、興奮激動地走了過來。

終於，石破天驚那一刻到來了，二十年生死兩茫茫，父子終於相見，約瑟像小時候一樣，拿出全身的力量，抱緊爸爸的腰，還想回到童年，把臉貼在雅各的胸口上，可是現在長高了，只能伏在雅各的頸項上，開始嚎啕大哭。

雅各也痛哭流涕，兩人的臉全濕了，哭了好一陣子，雙方鬆開懷抱，互相對望，一直看一直看，無比深情地彼此凝視。

雅各破涕為笑，摸著約瑟的臉，感慨地說：「現在我見了你的面，知道你還活著，死了也甘心了。」

約瑟這麼好的人，為什麼一連串遭遇這許多苦難？

不知道。約瑟只曉得，無論如何，他都緊緊抓住神，在父子相逢這一刻，約瑟體認到，試煉與受苦也是神放在人的生命中的一部分，神要他茁壯。

39 大孝顯親

約瑟雖貴為宰相，雅各卻不習慣住在相府之中。再說當初上帝耶和華呼喚雅各先祖亞伯拉罕，要他離開有暖爐的樓房，搬到白天熱如火、晚上寒如冰的帳篷中，目的就是透過神揀選的選民（非投票資格的選民），過著具有神的價值觀的道德生活，作為世人的榜樣。因此，他們並不合適與埃及人混雜。

從另外一個角度來看，約瑟以一個外來的希伯來人，竟然位居宰相高位，誠屬不易。雖然法老說得漂亮：「我們全埃及的美物都是你的。」約瑟可不能不識相。他還是一貫原則，大家得自給自足，保持原有的生活方式。

經過左思右想，約瑟決定讓爸爸哥哥住在歌珊地放牧，此地與埃及城市有一段距離，且自成格局，當然，這還得法老批准。

約瑟對哥哥叮囑：「當法老問起，你們從事何種行業之時，千萬要記得說，你們從小就是畜牧養牲畜的，因為埃及人一向最厭惡牧羊的。」

一會兒，約瑟挑了五個弟兄去見法老，哀求法老：「迦南大饑荒，請求法老讓僕人們在歌珊放牧。」法老一向嫌牛羊髒臭，滿口答應，並且對約瑟說：「挑幾個能幹的來幫我看管牲畜。」

歌珊之地立刻拍板定案。約瑟智慧過人，摸透法老心思，創造雙贏局面。約瑟會為長官著想，面面俱到，他又寬宏大量，照顧受害者，雖然過著富裕的生活，卻不會成為財產的奴隸。「怎樣的父親，教出你這樣出類拔萃的小孩？」法老拍著約瑟的肩膀說：「我想見見令尊。」

「好啊。」

在旁人看來，法老貴為一國之君，地位何其崇高，在埃及，法老是被當成神膜拜的。埃及人最瞧不起牧羊人，雅各非但牧了一輩子羊，而且又老、又病、又是逃難來的，怕做兒子的約瑟不安，心中嘀咕，丟人現眼出醜了。

但約瑟完全不這麼想，在他心中，父子二人有共同的神在保護。父親雅各是英雄，最英俊、最漂亮、最能幹，就是老了，也是好看的老英雄，無人能相比。

雅各入宮了，他拄著枴杖，一跛一顛，他的大腿是與天使摔角時受傷的，每走一步，都提醒自己有神同在，非但沒有自卑，行走之間，極有韻律，好像充滿打擊樂器的節奏感。

法老望著這位白髮皤皤、充滿性格的老人家，氣度不凡，果然是虎父虎子，青出於藍。

雅各處在富貴壯聳的皇宮，完全沒有忸怩，以長輩之姿謝謝法老：「對小兒的栽培提拔。」

法老看雅各年紀不小，精神不老，好奇地問：「老人家，您今年高壽？」

「我啊，我一百三十歲。」

「哇！」法老與群臣一片驚愕。「好福氣，怎麼保養的？」

「沒什麼，我這一生的日子又少又苦，遠不及我祖父亞伯拉罕活到一百七十五歲，父親以撒活到一百八十歲，都是靠神保佑。」

這下子法老更佩服了，雅各輕鬆地收服了法老的心，笑嘻嘻問法老：「我可以為法老祝福嗎？」

「好、好、好。」法老靠近雅各，想要沾一沾他的福氣。

約瑟做了一個球，讓雅各上籃得分，充分達到大孝顯親的目的。雅各在法老面前大大露臉之後，他一大家子就安頓下來了。

某日，約瑟牽著兩個小男孩，到歌珊去見雅各。

雅各看著兩個小男孩，都不超過十歲的樣子，聰明可愛，有教養、有禮貌，老人家沒有不喜歡孩子的，他問約瑟：「這是誰家的小孩？」

「這是你的孫子，我在埃及生的。」

「真的？」雅各年紀大了，眼睛看不清楚，帳篷裡又是昏昏暗暗的，「來，靠近一點，讓爺爺看清楚。」

雅各把兩個小男孩抱在自己膝蓋上，親一下左邊的臉，又親一下右邊的臉，欣慰地說：「真想不到，神讓我看到你，又看到你的兒子。」

約瑟把孩子自膝蓋上抱下來，自己伏在地上對父親下拜，隨後向雅各介紹：「老大瑪拿西，老二以法蓮。」

雅各自然地把右手放在以法蓮頭上，左手按在瑪拿西頭上，預備為他們祝福。

「不對、不對，老大是瑪拿西。」約瑟握著雅各的右手，想要挪到瑪拿西頭上。

雅各不依，右手還是停留在以法蓮頭上，他對約瑟說：「我知道瑪拿西是老大，他也會成為大族，不過，弟弟更大。」

約瑟不再吭氣，他雖然貴為宰相，仍舊是聽老爸的。

雅各為兩個孩子祝福著：「願救贖我脫離一切患難的神，賜福給這兩個童子，歸在我的名下。」這等於讓約瑟有長子般的榮耀，多一份產業。

兩個孩子還不懂祝福的神聖與嚴肅，他們原有些怕生，看到爸爸約瑟是如此敬重這位老爺爺，也就放開來與雅各玩起來，雅各享受著含飴弄孫之樂，以至於原先準備見了約瑟就可歸天的，一怒一老，一笑一少，他竟然多活了十七年，享壽一百四十七歲。

40 更美的家鄉

千古艱難唯一死，死亡是人們所畏懼的，因為死亡代表與摯愛訣別，只能寄望於來生相聚。其實，上帝為人們預備了更美的天家，擦去人們一切的眼淚，不再有死亡、悲哀、哭號與疼痛，與神住在新天新地當中。

當然，天堂是神為專心信神，遵守神道的人獨享的。雅各雖然曾經詭詐狡猾，後來懺悔了，即使誤以為愛兒約瑟慘死的二十多年，也從來沒有懷疑神、埋怨神，所以雅各還是回到天家。根據《聖經》記載，直到今天，他仍然活著。

雅各尚在人間之時，他並不明白這個道理，他和許多老人家一般，非常在乎自己的大限。許多中國以前的長輩，會自己買好壽衣、備妥棺木，甚且預先進去躺一躺。雅各則是經常思念麥比拉洞，那是埋葬他祖父、父親的洞穴。

埃及繁華富庶，且有葬埋死人的金字塔，雅各卻一心葉落歸根，他把約瑟找來，拉著約瑟的手，放在大腿下面（就是生殖器下方，表示違背誓言，絕子絕孫。），對他說：「請你千萬別把我葬在埃及。」

約瑟向來是個孝子，他立刻答應，雅各這才安心。

接下來，雅各要辦一件大事，就是臨終祝福。想當年，他覬覦長子名分，冒充哥哥以掃，騙了瞎眼的父親，惹怒哥哥，換來二十二年的逃亡。如今輪到他為孩子們祝福了，他雖老眼昏花，卻是依舊精明，絕對不是糊塗老爹。

雅各拍拍手說：「兒子們過來，我要把以後的事告訴你們。」

眾人聚攏之後，雅各清楚地交代遺囑：

「流便，你是長子，應當繼承名分，得雙倍遺產，但是你放縱情慾，弄髒我的床，因此不得居首。」

由於流便曾與雅各的妾辟拉亂倫。猶太人與中國古代匈奴一般，父死子納妾，是為烝報，保護游牧生活的婦女，例如王昭君。但是，父親未死之前，兒子豈可給父親戴一頂綠帽？日後流便支派一蹶不振。

「西緬與利未，你們兩個刀劍殘忍，恣意蠻幹，殺害人命，隨意砍斷牛腿大筋，所以你們要散住在眾支派之中。」

這是指他們曾經在示劍屠城，因此，長子的名分隱然賜給約瑟，日後傳給他的兩個兒子瑪拿西與以法蓮，利未支派成為祭司，因此總數還是十二支派十二兒子。

「猶大啊，你是個小獅子，你臥如公獅，蹲如母獅，誰敢惹你？王權一定出自你後人，直到基督到來，你把小驢子拴在葡萄樹上，在葡萄酒中洗衣服。」

在神面前改過自新的猶大，扮演著領導角色，他的葡萄樹枝強壯，足可拴住小驢，而且不怕驢吃葡萄。他的富裕，足可用葡萄汁洗濯衣服。

「約瑟是多結果子的樹枝，雖然遭受苦害，仍然健壯敏捷，你父親的神啊必將天上的福、地裡的福、生產乳養的福、你父親的祝福、勝過祖先的福，一共六種福，全降在約瑟的頭上。」

雅各囑咐已畢，就把腳放到床上，氣絕而死。約瑟把臉伏在父親的臉上，親吻著、哭泣著。然後命令醫生，用香料薰了雅各的屍體四十天，埃及人為雅各哀悼了七十天，這是比照皇室規格，因為法老去世，也不過舉哀七十二天。約瑟遵照父親遺訓，率領埃及王公貴族、雅各家族，組成浩大的送葬隊伍，來到約旦河外麥比拉洞旁，舉行安葬大典，整整哀哭七天，震動迦南居民，可謂死後哀榮。

雅各去世，約瑟的哥哥們又開始坐立不安，他們彼此交頭接耳：「慘了，想想看我們過去怎麼整他，他現在要如何報復？」

他們想來想去，只有抬出已逝的爸爸。於是，他們打發人去見約瑟：「請你看在你父親的面子上，就饒了你哥哥吧。」

約瑟一聽，鼻酸難忍，都過了十七年了，這十七年來，他是怎樣寬容慈悲照顧他們，掏心掏肺，無微不至，怎麼到現在哥哥還不明白，還以為他在虛偽作假嗎？

這時哥哥們一擁而至，伏在地上哀求：「就把我們當僕人吧。」

約瑟心一緊，看著他們惴惴不安的模樣，他知道，哥哥們永遠不會了解他，只有神才能懂約瑟一片心思。於是，約瑟又把哥哥一一扶起道：「沒錯，從前你們是想害我，但神的意思是好的，是要我先到埃及來，保全大家的性命，成就今日的光景，我會負責你們家小。」

後來，約瑟活到一百一十歲，一直看到他兒子以法蓮第三代孫子。到了臨終之時，他還是安慰弟兄們：「我要走了，但神一定看顧你們。」

許多學者認為，《舊約》中的約瑟，預表《新約》中的耶穌。用神的愛，去愛一些不可愛的世人，既然愛了，就愛到底。當耶穌被釘上十字架之前，他還在向天父哀求：「父啊，赦免他們，因為他們所做的，他們不曉得。」有了愛，不能原諒也原諒了。

約瑟閉上眼睛，揮手而別。

死卻是另一個生命的開始，他垂下頭，沉思片刻，迎著亮光，進入金碧輝煌的王宮，天使高聲歌唱，他看到了父親雅各，站在天家的門口迎接他，還有曾祖亞伯拉罕、祖父以撒……

雅各張開雙臂，把約瑟緊緊地擁住，進入永恆。這一回，他們再也不分別了。

《聖經》上說：「神不是死人的神，乃是活人的神。」是的，雅各和其他的人，到今天、到未來，仍舊活活潑潑地活著。

附錄1：本書人物關係表

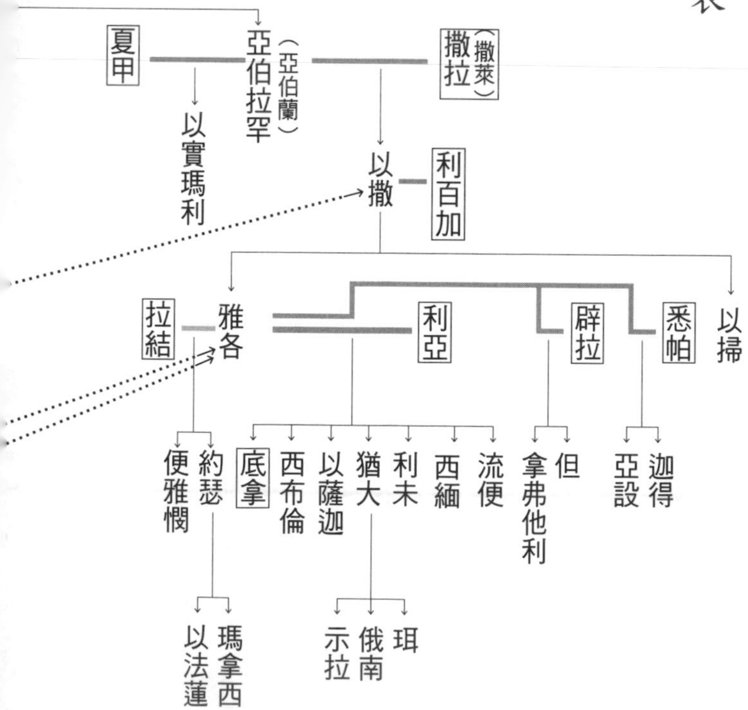
夏甲
亞伯拉罕（亞伯蘭）
撒拉（撒萊）
以實瑪利
以撒
利百加
拉結
雅各
利亞
辟拉
悉帕
以掃
便雅憫
約瑟
底拿
西布倫
以薩迦
猶大
利未
西緬
流便
拿弗他利
但
亞設
迦得
以法蓮
瑪拿西
示拉
俄南
珥

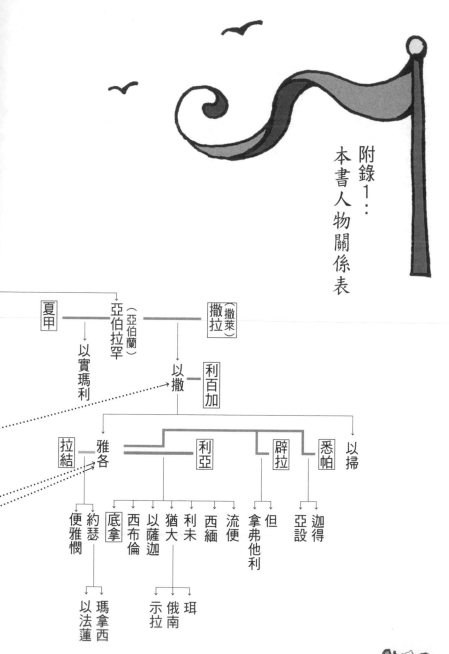

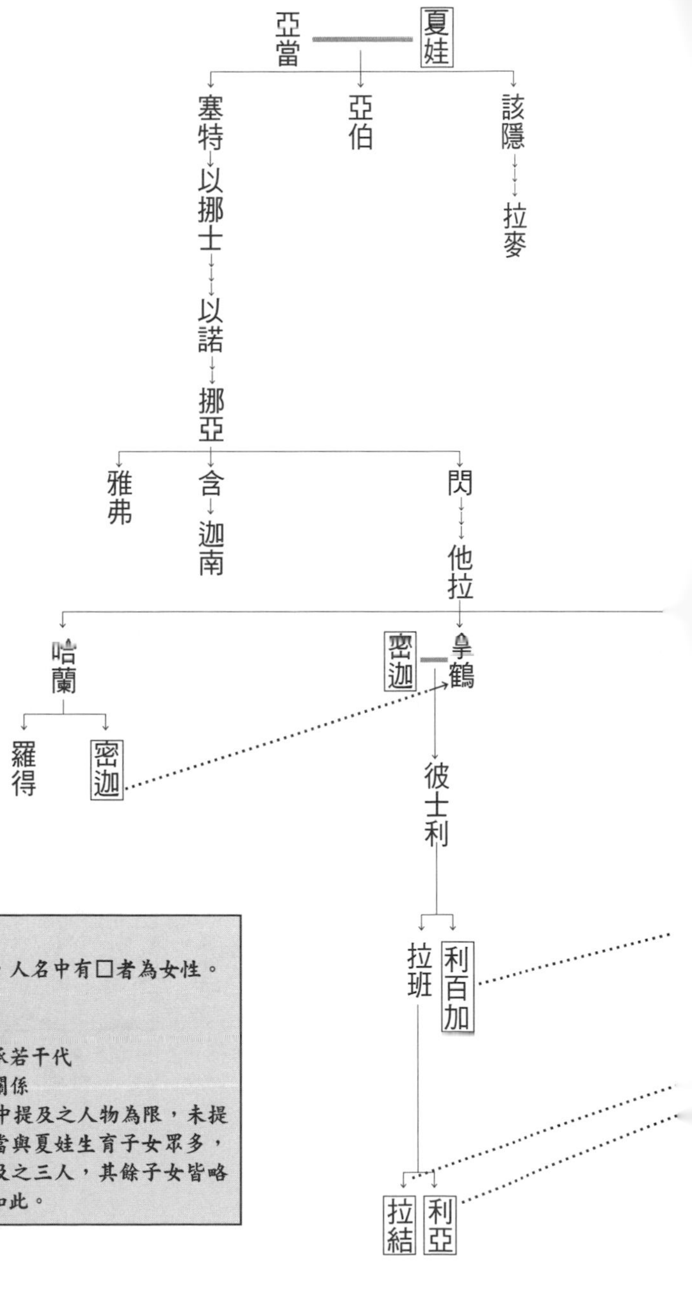

說明：
1. 人物以男性為主，人名中有□者為女性。
2. ━代表夫妻關係
3. →代表父子關係
4. →→→→代表傳承若干代
5. ……→代表嫁娶關係
6. 本表人物以本書中提及之人物為限，未提及者不列。例如亞當與夏娃生育子女眾多，本表僅列本書中提及之三人，其餘子女皆略去。其他人物亦復如此。

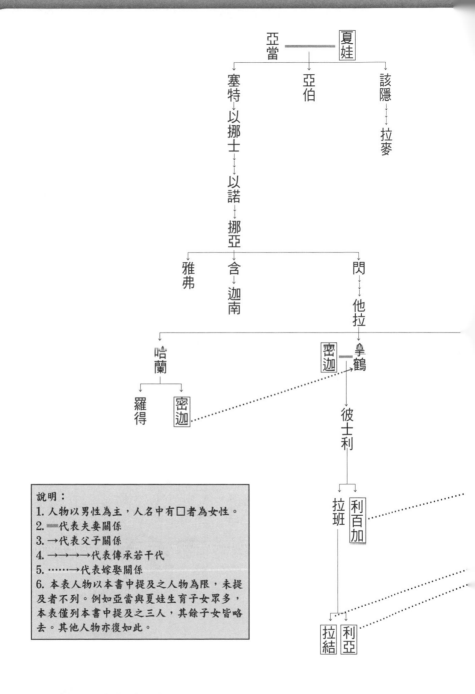

附錄2：亞伯拉罕、雅各時期中東地區圖

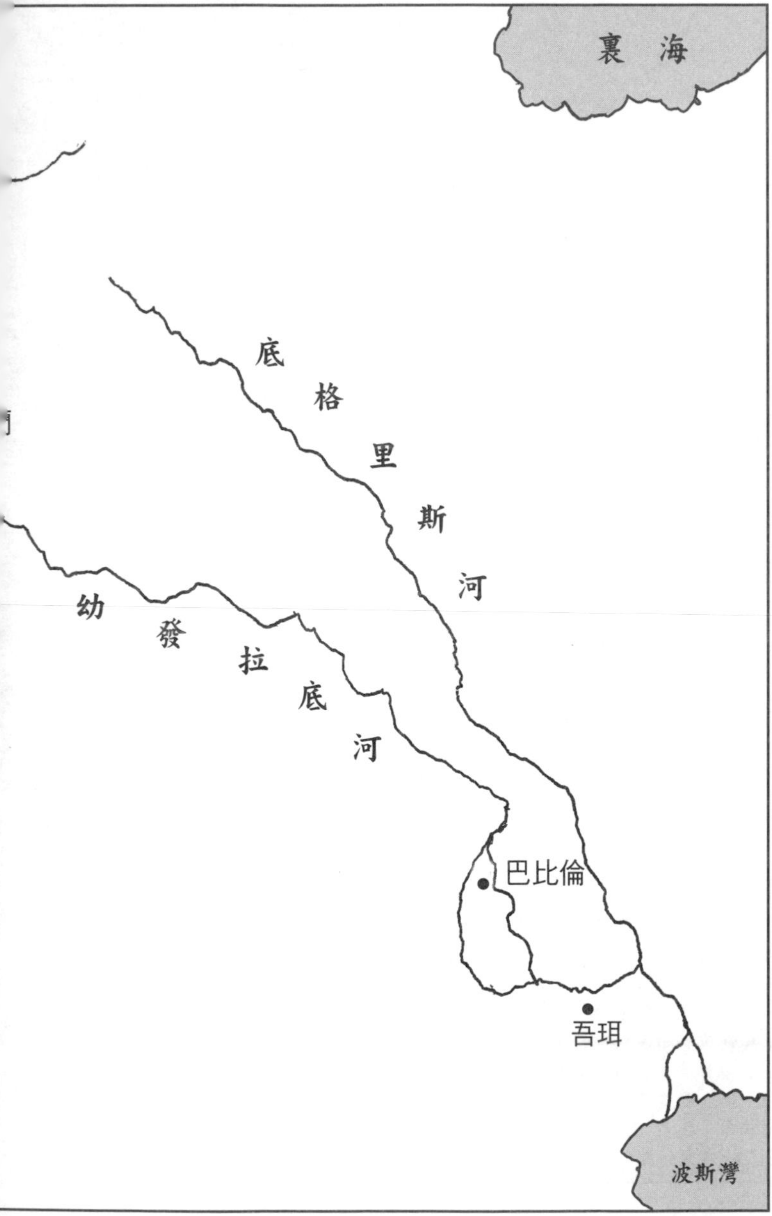

黑海
大馬色
約但河
示劍
伯特利
伯利恆
耶利哥
耶路撒冷
地中海（大海）
迦南
死海
迦薩
別是巴
所多瑪
蛾摩拉
歌
珊
埃及
西奈
紅海
埃及
尼羅河

附錄3：基督教（和合本）與天主教（思高本）譯名對照表

基督教	天主教
創世記	創世紀
上帝、神、耶和華	天主、上主
亞當	亞當
夏娃	厄娃
該隱	加音
亞伯	亞伯爾
塞特	舍特
以挪士	厄諾士
以諾	哈諾客
挪亞	諾厄
拉麥	拉默客
閃	閃
含	含
雅弗	耶斐特

基督教	天主教
迦南	客納罕
亞伯拉罕	亞巴辣罕
亞伯蘭	亞巴郎
拿鶴	納曷爾
法老	法郎
羅得	羅特
麥基洗德	默基瑟德
撒萊	撒辣依
撒拉	撒辣
亞比米勒	阿彼默肋客
以利以謝	厄里厄則爾
夏甲	哈加爾
以實瑪利	依市瑪耳
以撒	依撒格

利百加……黎貝加
拉班……拉班
彼士利……貝突耳
以掃……厄撒烏
雅各……雅各伯
拉結……辣黑耳
利亞……肋阿
辟拉……彼哈耳
悉帕……齊耳帕
流便……勒烏本
西緬……西默盎
利未……勒未
猶大……猶大
但……丹
拿弗他利……納斐塔里
迦得……加得
亞設……阿協爾

以薩迦……依撒加爾
西布倫……則步隆
底拿……狄納
約瑟……若瑟
哈抹……哈摩爾
示劍……舍根
底波拉……德波辣
便雅憫……本雅明
俄南……敖難
珥……厄爾
示拉……舍拉
他瑪……塔瑪爾
希拉……希辣
波提乏……普提法爾
亞西納……阿斯特納
瑪拿西……默納協
以法蓮……厄弗辣因

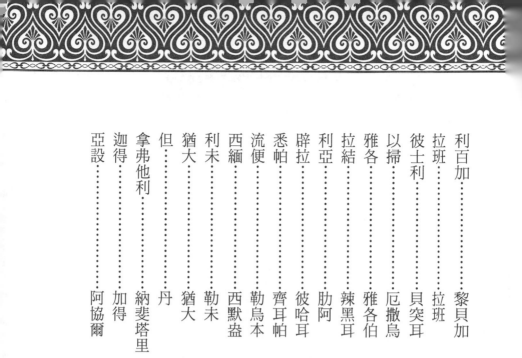

得獎最多！坊間公認最佳的大眾歷史讀物！

◎金鼎獎推薦獎　◎金鼎獎優良出版品
◎優良兒童圖書「金龍獎」
◎國立教育資料館評鑑特優青少年課外讀物
◎中國文藝獎章
◎民生報「校園好書排行榜」票選第一名
◎台北國際視覺設計展插畫類金獎

口碑最好！各行各業意見領袖一致強力推薦！

石永貴．朱　炎．李四端．李雲嬌．宋楚瑜．
李豔秋．邵玉銘．周芬伶．林美和．林清玄．
林海音．侯文詠．保　真．徐木蘭．徐佳士．
凌　拂．秦儷舫．徐鍾珮．郭為藩．陳裕堂．
張曉風．梁瓊白．琦　君．傅佩容．栞　涵．
彭　歌．楊平世．劉　墉．劉靜娟．鄭石岩．
嶺　月．薇薇夫人．謝鵬雄．羅　蘭（以上依姓名筆劃序排列）

成績要好！學問要棒！徹底強化學生的國語文競爭力！

全新《吳姐姐講歷史故事》全套50冊共1075篇故事，大字大開本精印，所有內文並加註注音，方便小讀者辨認唸音和翻查字典對照學習。每篇故事更特別聘請名畫家劉建志先生專門繪製精美插圖，使整套書堪稱目前國內品質最佳、最值得收藏的歷史和國文課外讀物！
作者吳涵碧女士出身新聞世家，自政大新聞系畢業後便投入中國歷史的研究，耗費十餘年心血以個人之力寫成《吳姐姐講歷史故事》，工程之浩大，前教育部長郭為藩先生譽為足可媲美《資治通鑑》！全書以「人物」為主軸，透過嚴謹的態度、翔實的考據，兼顧文學性、情節性和趣味性。讓孩子在充分享受閱讀的樂趣之餘，開拓眼界、增長見識，並快速提昇國語文的實力！

國家圖書館出版品預行編目資料

吳姐姐講聖經故事——①創世記 / 吳涵碧著.--
初版.--臺北市：皇冠文化. 2011.02
面；公分（皇冠叢書；第4086種）
ISBN 978-957-33-2771-4（平裝）

1.創世記 2.聖經故事

241 100000615

皇冠叢書第4086種

吳姐姐講聖經故事
①創世記

作　　者—吳涵碧
發 行 人—平　雲
出版發行—皇冠文化出版有限公司
台北市敦化北路120巷50號
電話◎02-27168888
郵撥帳號◎15261516號
皇冠出版社(香港)有限公司
香港銅鑼灣道180號百樂商業中心
19字樓1903室
電話◎2529-1778　傳真◎2527-0904
總 編 輯—許婷婷
美術設計—程郁婷
印　　務—林佳燕
校　　對—邱薇靜・孟繁珍・鮑秀珍
著作完成日期—2010年
初版一刷日期—2011年2月
初版六刷日期—2023年6月
法律顧問—王惠光律師

讀者服務傳真專線◎02-27150507
電腦編號◎350101
ISBN◎978-957-33-2771-4
Printed in Taiwan
本書定價◎新台幣250元/港幣83元